遊びと利他

北村匡平
Kitamura Kyohhei

a pilot of wisdom

目次

あとがき

図版レイアウト／ＭＯＴＨＥＲ

まえがき

いま、社会のいたるところで「偶然性」がなくなりつつあります。

書店をぶらついて本を探すのと異なり、インターネットで情報を検索して、ほしい本を購入するというプロセスには、ほとんど偶然の出会いがありません。

あるいは旅行のことを考えてみてもいいでしょう。観光地、泊まる宿、目的地までのルートはすべてスマートフォンで簡単に検索できるため、目的の場所まで効率よくたどり着くことはできますが、偶然に満ちた旅程は奪われます。

たしかに技術によって社会はずいぶんと便利になりましたが、観光スポットに着くことだけが目的化していないでしょうか。あらかじめ旅行ガイド本やインターネットで見たイメージを再確認するだけの人も多いように思います。

このような「観光」は、プロセスも含めて味わう「旅」とはおよそ違う営みです。インターネットが普及する前の旅行は、どれだけ計画を立てても予想外の出来事が起こり、予期せぬことにたびたび巻き込まれていました。とはいえ、不測の事態に陥った旅行ほど、鮮明に記憶に焼きついているものです。

現在、若者を中心にマッチングアプリの利用が急増していますが、これも似たようなところがあり、条件を事前に設定して出会いたい人同士を結びつけるツールです。お互いに「無駄」な出会いを省き、効率よく出会うことが目指されています。無駄なく最短ルートで目的の本を買い、効率のよい道程で行く旅行と変わりません。

娯楽に目を転じてみましょう。2010年代になって動画配信サービスが隆盛をきわめました。映画を早送りで観《み》るといった行為や、ダイジェストでストーリーを把握する「ファスト映画」も話題になりました。

作品そのものを味わうより、いかに早く結末までたどり着くか、あるいはどれだけ早く内容を把握するかを求めている点で、ネット書店と旅行に通ずる話です。ここには無意識のうちに「人よりも早く」という競争原理が働いているようにも思います。

すべてに共通するのは、目的（ゴール）が設定され、それを達成するためにいかに無駄や脱線なく、効率的にたどり着くか、という思考でしょう。

よく知られているように、パソコンやスマートフォンの検索サイトでは、アルゴリズムによって個人ユーザーの検索履歴やクリック履歴が分析・学習され、利用者は見たい情報ばかりに行き着いてしまいます。これは、いわゆる「フィルターバブル」と呼ばれる現象で、ネット空間では、ユーザーは自分の興味関心に合う世界の外になかなかアクセスできません。

つまり、ユーザーが見たくないような情報を遮断する機能によって、好みに合わない情報から隔離された環境が築かれるわけです。動画配信サービスやソーシャルメディアでも、自分の嗜好《しこう》にそった情報ばかりがピックアップされるのを実感する人も多いでしょう。

好みに合わない情報を排除するというのは、無駄や不安になる要素、リスクを避けることができるので、一見するといいことかもしれません。ですが、人生には、予想もしなかった出来事に感銘を受けたり、見ず知らずの他人の言葉に強烈に影響を受けたりすることがあります。

私たちの日常生活は、技術による管理化・効率化に覆いつくされ、不安定な要素やリスクを排除し、未知なるものと偶発的に出会う機会が奪われているのです。この流れを食い止めるのはとても難しいでしょう。

ここまで基本的にインターネットをめぐる状況について話してきました。しかしながら、危険性を排除し、効率や安定を求める思考は、人間を形成する重要な場所である「遊び」の空間にまで浸透してきています。

最後の砦《とりで》だった遊び場も、この20年ほどで激変しました。いまの時点では、なぜ公園がこうした効率化やリスク排除と結びつくのか、ピンとこないかもしれません。しかしながら、私は公園という空間や遊具のありようが、大きく変質していることに危機感を覚えています。

いろいろな公園に遊びに行くと、私が昔遊んでいた空間とまるで違っています。はじめは豪華な複合遊具がそびえ立っていて、いまの子供は羨ましいなあと思いました。最近のトレンドはインクルーシブ遊具で、障害の有無にかかわらず、誰でも遊べる安全な遊具が次々に導入され、「多様性」の時代に合わせた素晴らしい試みだと感じていました。

しかし、子供の遊びの観察を重ねるたびに、最近の遊び場の空間や遊具に、どこか違和感を覚えはじめ、懐疑的になっていったのです。

公園は時代の変化を体現する場所であり、社会の縮図でもあります。遊び場は、私たちの社会を映し出す鏡といってもいいでしょう。本書では、効率化や管理化とはもっとも対極にあるように思われる子供の遊びの空間を内側から観察することで、私たちの社会の危機的状況を描き出したいと思います。

もちろん、効率化は「悪」ではありません。私たちの日常生活には、仕事や家事などにおいて効率化すべき点は多々あります。けれども、「遊び」は違います。もし、このまま子供たちが大事な時期を過ごす遊び場を放置し続けるなら、どのような人間に育っていくのか、私は三人の子供を育てる親として不安でなりません。

私たちの未来を担ってゆく子供たちの遊びの豊かさを取り戻すこと——。そのためにこの本は書かれているといっても過言ではありません。そこで注目したいのが「利他」です。

皆さんは「利他」という言葉を聞いて、どんなことを思い浮かべるでしょうか。

私は正直、身構えてしまいます。利他主義というと、何かとても偉い人の振る舞いに思えて、自分はとうていそんな人間ではないと、尻込みしてしまう感じです。

それが、なぜ利他の本を書いているかというと、たまたまそうなったからなのです。私の専門は映画学やメディア論、社会学で、ほとんど利他について考えることはありません。それが偶然、異動先の研究拠点が取り組んでいた「利他研究」に携わることになったのです。

すべてが偶然の産物でした。なぜなら、自ら思い立って利他や公園を研究しようと思ったのではなく、たまたま利他の研究に誘われて、研究会でたまたま建築家の話を聞いてアイデアをもらい、たまたまコロナ社会が重なって子供たちをいろいろな公園に連れていく機会が多くなったからです。

「偶然性」は、この本の重要な鍵概念の一つになるのですが、ここでは詳しくは触れません。いずれにせよ、私は偶然の流れに身を任せるようにして、子供の遊具と利他、あるいは遊び場と利他の研究に引き寄せられていきました。

利他の精神は、誰もが素晴らしいと認識していますが、思いのほか難しい概念です。なぜなら、利他的であろうとすればするほど、利己的なものに反転することが少なくないからです。利他的な振る舞いは、ともすれば利己的にさえ見えてしまう。それでは、いかに利他を考えればいいのでしょうか。

本書では強い意志をもって利他的になろうという発想を捨て去ることからスタートします。むしろ、人間というより、どのような空間や環境が利他的な力を作動させるのか、という視点を重視しています。

遊び場という誰もが日常で関わる空間を舞台に、いかにして利他が生起するのかを考えたいのです。コロナ社会において注目された利他は、新自由主義が跋扈《ばっこ》し、自己責任論や自助の精神が叫ばれ、災害や戦争、感染症が不条理にも命を奪い続ける現代に、きっと大きなヒントを与えてくれるはずです。

この本は、「利他」に関心がある人や、子供の教育に興味がある人、あるいは遊びについて学びたい人に読んでもらいたいと思って書かれています。けれども、もっと広く社会が抱えている本質的な問題にも踏み込んだ、現代社会論にもなっているはずです。

遊び場を中心に議論をしていきますが、遊びの空間に横たわっている問題は、学びの場にも娯楽の環境にも共通して見出《みいだ》されます。本書が提案する利他的な環境の構築は、子供の遊び場に限りません。私たちの住まう、あらゆる空間に応用できるものだと思っています。

それでは「遊びと利他」の世界へ、ゆっくりと足を踏み入れてみましょう。

序章　21世紀の遊び場

変質する空間

遊び場という空間——。

公園や園庭は、私たちが幼い頃から日常的に遊んで過ごす、人生から切り離せない空間である。そこは子供にとって学びの空間でもあり、人間を形成する重要な場所だろう。

いま、こうした空間が時代の変化とともに劇的に変わりつつある。あまり意識することはないかもしれないが、特に2000年代から2010年代にかけて公園は大きく変質した。そのことを私は、育児を通して強烈に感じている。

人は学校で学ぶのと同じくらい、遊び場で学び育つ。園庭、校庭、公園。これらの場所での遊び抜きに子供の成長は考えられない。

英語でいうならば、学びは「エデュケーション」、遊びは「プレイ」という。遊びに近い概念に「娯楽」があるが、これは英語で「エンターテインメント」だ。遊びと娯楽は混同されやすいが厳密には違う。

たとえば、子供たちが公園や園庭で日常的に遊ぶことを「娯楽」とはいわない。一方、エンターテインメントには、消費や暇つぶしといった側面も強く、「プレイ」はそういった消費行動とはかけ離れている。

遊びと学びは一見、言葉としてはまったく違うようでいて、子供のことを考えればわかるように、遊びには学びの要素があり、学びにも遊びは入り込んでいる。すなわち、「遊び／学び」は明確に切りわけられないもので、きわめて連続的な営みだといえるだろう。

とりわけ子供にとっては「遊び＝学び」であり、遊び場で過ごす日常は、精神や身体をかたちづくる重要な時間だといっても過言ではない。しかしながら、この空間が、政治・経済状況とともに変質してきているように思われるのである。

娯楽とて例外ではない。時代とともに外遊びの時間が激減し、メディアを使った娯楽は技術の発達によって多様化した。それは通学中や待ち時間など日常の隙間時間に入り込み、子供の生活の多くを占めている。

便利になり、快適になり、遊び、学び、娯楽は大きく変わった。時代精神を映し出す鏡としての公園は、かつてのあり方とは根本的に異なる空間になりつつあるのだ。遊び場の変化について話す前に、まずは個人的な経験の話から書き起こしてみたい。

私は現在、三人の子供を育てている。12年間、いろいろな公園に連れていき、一緒に遊んで過ごしてきた。公園で夢中になって遊ぶ子供たちの姿を見て、公園という空間や遊具の存在に興味を抱くようになった。

特にコロナ社会が到来してから、これまで以上に公園で遊ばせることが増えた。いまは好きが高じて公園や遊具を研究対象にし、子供の遊びを観察するために定期的に国内や国外の公園や幼稚園、その他の遊び場にフィールドワークに出かけている。

こうした調査を重ねていくうちに、現在の公園は幼い頃に私が遊んでいた公園とは決定的に違う空間になっていることを痛感した。豪華な遊具も増えたが、子供の遊び方もかなり異なるものに変化していることに衝撃を受けた。はたして公共の遊び場である公園がこのままでいいのだろうか、と不安を抱くようになったのである。

また、私は大学生の頃から家庭教師や学習塾講師として働き、多くの小学生・中学生・高校生と関わってきた。教育に高い関心があったので、教育に携わる仕事に就きたいと思って中学校と高校の英語の教員免許も取得した。

結局、中等教育では働かなかったが、大学に就職することになった。大学の教員は研究者だが、同時に教育者でもある。勤務先の大学はほとんどが理系の学生で占められている国立大学だが、私はこの大学で全学の学生に文系教養科目を教えている。首都圏のいくつかの私立大学、公立大学でも文系の学部で講義を担当してきた。

教育現場もまた劇的に変化していると実感することが多い。21世紀に突入して、グローバル資本主義の競争原理に飲み込まれ、この20年間で大学の学びの空間は、それを成り立たせている環境の変化によって根本的に違うものになっていった。

メディア技術の加速度的な進化や教育への価値観の変化は、学びの場を学生・教員ともに息苦しい空間へと変質させてしまったように思う。そしてそれは、遊び場の変質の仕方とも無関係ではない。

まえがきでも書いた通り、本来の私の専門は映画学、メディア論、社会学である。ずっと日本における映画と文化・社会の関係を考えてきた。２０００年代にインターネットが生活に浸透し、２０１０年代にソーシャルメディアの時代になって、映画やテレビドラマといったコンテンツを受容する環境もまた劇的に変化した。

スマートフォンやタブレット、パソコンに取り囲まれた現代人は、いつでもどこでも娯楽作品を消費できるようになった。無限にゲームや動画のコンテンツを楽しむことができ、アナログ時代の消費の仕方とは、まるで違った空間で娯楽に接している。

人びとはかつてとは異なる消費の仕方を日々行うようになった。作品を味わうことよりも、情報を多く、早く取り込むように急《せ》き立てられている。これら別の領域で起こっている変化は、まったく関連のないものなのだろうか。

「遊び」「学び」「娯楽」の空間――。

ひとまずこれらを公園や園庭での遊び、大学における学び、家庭での娯楽消費という空間で考えてみたい。もちろん、学びは教室外でもできるし、娯楽も家庭に限られるものではまったくない。けれども、いったん空間を意識するための比喩として考えてみたときに、まったく違う営みに思われるこれらの行為に、共通するものが浮かびあがってくるだろう。

たとえば、効率化、管理化、リスク回避。別々の空間ではあるが、これらの要素が根底ではつながっている。社会全体が無駄な時間を生きられなくなった。テレビのCMを飛ばし、コンビニのレジで待つことに苛立《いらだ》ち、映像作品をじっくり味わえなくなり、パソコンでクリックしてサイトを読み込む時間さえ無駄だと感じるように――。

本書は「遊び場」を主な対象として議論していくので、ここでは教育と娯楽に通底するものを簡単に共有しておくことにしたい。

学びの管理化

冷戦体制が終わり、日本の大学がグローバル化していく流れは１９９０年代から強まった。規制緩和とともに大学はその存在価値が市場原理のなかで判断されるようになり、２００４年には新自由主義政策の流れから、すべての国立大学が法人化された。

運営費交付金は毎年１％ずつ削減、その分、競争的資金が拡充され、非常勤教員の人件費が急激に増加した。それと同時に「選択と集中」によって大型予算を運用し、短期的に成果を出す必要に迫られるようになる。次第に学問領域のヒエラルキーも顕著になり、教員のポストは不安定化した。成果主義が取り入れられ、業績に応じた給与体系も増えていった。

学生は授業に真面目に出席し、課題をたくさん与えられ、早い時期から就職活動に余念がない。インターネットが普及し、授業を支えるために各大学が運用している学習管理システム、すなわちＬＭＳ（Learning Management System）が発達し、授業運営を効率化して、教育はメディア技術によって管理されるようになった。

LMSは、仕事を効率化すると同時に、管理化も推し進める。使用されるLMSにもよるが、私がこれまで勤務してきた大学では、どの学生が何時何分にシステムにアクセスし、課題を提出したかがわかるようになっている。昔と違っていまは多くの教員が正確に出席回数を記録し、評価に組み込む。学生はデジタル技術によって完全に管理されている。

授業評価アンケートはプラスの面もあるが、よい評価を得ることが一つの目的となってしまう点で授業に大きな影響を及ぼす。教員は事前に提出したシラバスの計画通りに授業を進め、計画から外れる講義ができなくなり、甘い点数をつけがちになる。

アメリカの私立大学において、成績評価の指標であるGPA（Grade Point Average、一般的に最高値は4・0）の平均値は1960年頃までは約2・5だったが、2007年には3・3になったという。これは高い授業料を払っている顧客としての学生に未来のキャリアを保証しなければならず、厳しい成績がつけられなくなったのが原因だ。[*1]日本はアメリカほど学費が高くないが、それでもこうした大学のサービス産業化は進行している。

現在、多くの教員がハラスメントの問題を意識している。熱心に教育してもアカデミック・ハラスメントのリスクがあるし、学生との距離が近すぎてもセクシュアル・ハラスメントのリスクがつきまとう。当然、関係性次第でまったく問題にはならないが、その関係を作ることすら難しい。丁寧な言葉で、当たり障りのないような反応を返し、なるべくトラブルを避ける。そんな教員が増えている印象が強い。教員はいかにリスクを回避するかに余念がない。

そして2020年代——。新型コロナウイルスが猛威を振るい、コロナ禍になって大学のあり方が根本から問い直された。

ビデオ会議システムを使った授業のオンライン化は、物理的制限がある空間を離れ、インターネット上に「教室」が仮構される。ビデオ会議システムでは、学生が何時何分に「授業」に参加したかが記録され、出席管理もデジタル化された。これまでの効率化＝管理化の流れをよりいっそう推し進めることになったのだ。

閉鎖空間にある教室は、未熟で危ない発言をしてもそれがパブリックと直結していないがゆえに許容される空間でもある。リアル教室では、ある程度、自由に発言できる空気、間違いをおかせる環境があったが、オンライン授業では受講生のほか、家族や友人など、いつ誰が聞いているかわからないし、チャットの履歴も記録として残る。

人によっては、こうした記録性は耐えられない息苦しさをともなう。テクノロジーによる相互監視システムができあがり、授業から「余白」が失われた。

2010年代を通して、一挙に台頭してきたのが、教育に最新テクノロジーを導入したエドテックだが、無駄を削《そ》ぎ落とした映像の授業は、雑談も脱線もなく、集中力を途切らせないテンポによって洗練されたものが多い。大学はある程度、授業の効率化から免れていたが、コロナ禍でオンラインになりそれも難しくなった。

オンラインではゆっくりとした語りに受講生が耐えられない。だから予備校教師のようにテンポが速く、無駄のない授業の評判がよくなる。録画した動画を配信するスタイルのオンデマンド型授業では、早送りして効率化をはかる学生も多い。大学の授業から脱線や雑談が失われてしまった。

教室という物理的空間がもっていた曖昧性がなくなり、デジタル技術による管理と排除が進んだのである。管理をメディアに任せ、他者との面倒な関わりを避け、リスクを回避する利己的な振る舞いが多くなった。

娯楽の効率化

幼児期から児童期に誰もが過ごす公園、そして中等教育と高等教育で過ごす教室。これらの「遊び」と「学び」の空間を経験せずに過ごすことは難しい。さらに「娯楽」もまた、日常的な営みである。

とりわけ、２０１０年代に広まったスマートフォン、タブレットといった多様なスクリーンを通じた映像視聴を抜きに、現代の子供の生活は考えられない。

２０１０年代に動画配信サービスの時代となって手軽に倍速視聴ができるようになった。遊びや学びだけでなく娯楽の環境も激変し、動画の早送りが何かと話題になった。[*2]「ファスト教養」という言葉も流行した。[*3]把握できないほどのコンテンツが溢《あふ》れ、どれだけ視聴しても追いつくことはない。タイムパフォーマンスが重視される現代社会において、ながら見、飛ばし見、早送りが増えてくるのは当然のことだろう。

これはいわば欲望と資本主義の問題である。日本が本格的に新自由主義に突入した２０００年代前半あたりから、競争原理が社会に根づき、他者との比較がより強烈に意識されるようになった。芸術をゆっくり味わうよりも「見た」という実績自体が目的化する。要するに質よりも量的な価値観が優位になったのだ。

こうした価値転換のもと、技術の発達による「アダプタブル」な環境は視聴モードを多様化した。言い換えれば、視聴モードに競争原理が導入されたのである。誰もが早送りできる環境にあることを知っている。そのことが人よりも多く見ることに駆り立てる。本来ならば深く味わえたかもしれない芸術作品がことごとくただの「情報」に置き換えられてしまう。

こうした視聴モードが常態化したときに、作り手はどうするか。当然、ながら見や飛ばし見させないよう映像のテンポを速くしてカメラをつねに動かし、視聴者に刺激を与えることで早送りをさせないようにするだろう。２０１０年代後半になると、倍速視聴ができないほど、語りが異様に速いテンポの作品も増えてきた。

考えてみれば、こうした視聴モードも、作り手の実践も、きわめて利己的な営みである。「学び」や「娯楽」の空間において、効率化・管理化・利己的な思考といった、同時並行で起こっていることが、実のところ公園や園庭といった遊び場でも起こっているのだ。

それはこれから展開される利他論に引きつけていうならば、他なるものと相互にポテンシャルを引き出しあうのではなく、お互い自らの利益のために他者をコントロールする振る舞いにほかならない。根底には社会を新自由主義化した資本主義の問題が横たわっている。

すべての空間で共通して起こっているのは、管理化・効率化の問題である。リスクを回避し、不安定な状況を好まず、効率よく遊び、情報を得ること。それが何より重視される。規定された遊び方や学び方を押しつけ、予測不可能なことを排除し、他者をコントロールすること。さらに管理する主体が、もはや人間ではなく技術である点も通底している。

私たちが生きている現代社会は、何か重大なものを喪失し、別の社会に組み変わった。これらの空間からは、ことごとく「余白」が失われ、モノや技術に管理される環境になった。だが、間違いなくテクノロジーは利便性を高め、選択肢を増やしている。この空間を意識し、活用すれば、もっと私たち自身の、あるいは他者のポテンシャルを引き出すことができるのではないか。そのための鍵概念となるのが「利他」である。いかにして私たちは、利他的な回路を遊び場に取り戻すことができるのか。

＊

本書は遊び場での子供の「遊び」にフォーカスして「利他的な空間」を考察していく。「利他」という用語や本書のアプローチに関しては、第一章で詳しく述べる。続く第二章では日本における公園の空間や遊具がどのように変化してきたかを概観し、現在の状況を把握したい。

第三章から第五章では、異なるタイプの遊び場をフィールドとして、遊具―空間―子供の関わりを捉えていく。第六章では遊学論と称して、遊びの空間に「利他」の回路を見出す。第七章では学びや娯楽の空間に視点を変えて、遊び場に通ずる問題を検討する。

終章ではそれまでの議論を踏まえて、既存の利他主義とは違う、オルタナティヴな環境を作りあげることによって利他を実践しているケースを紹介したい。

誰もが利己的に生きていけば、争いも絶えないし、生きづらさからも免れることはできないだろう。この閉塞的な社会の行き詰まりにブレイクスルーを起こす契機が「利他」にはあるように思われる。

ただし本書における「利他」は、必ずしも「利己」の対義語としての「利他」を意味しているわけではない。単に自己を犠牲にして他者に奉仕するのが、本書が論じる「利他」ではない。「利他」はもっと奥深く、捉えがたい、だからこそ私たちの未来の可能性を感じさせる一つの実践なのである。

註

＊1　苅谷剛彦・吉見俊哉『大学はもう死んでいる？——トップユニバーシティーからの問題提起』集英社新書、２０２０年、98～99頁。

＊2　稲田豊史『映画を早送りで観る人たち——ファスト映画・ネタバレ——コンテンツ消費の現在形』光文社新書、２０２２年。

＊3　レジー『ファスト教養——10分で答えが欲しい人たち』集英社新書、２０２２年。

第一章　利他論

——なぜ利他が議論されているのか

1　利他と利己

利他は空転する

２０１１年に起こった東日本大震災から２０２０年に社会を一変させた新型コロナウイルスまで、私たちはこの短い期間に二度もカタストロフィ（破滅的状況）を経験した。

突如として命が奪われ、未知のウイルスに脅かされる日々——。震災後にはさまざまなチャリティイベントが開催され、２０２０年から数年のコロナ社会では、自分が感染しないようにするだけでなく、他者に感染させないよう意識して行動する日々を過ごした。

この10年間は、同時にスマートフォンが普及し、ソーシャルメディアによるコミュニケーションが日常化した時期とも重なっている。ＳＮＳを使って人びとにボランティア活動を呼びかけたり、募金したりする光景が広がり、コロナ禍でもソーシャルメディアを利用した寄付やクラウドファンディングが盛りあがりを見せた。

その一方、ＳＮＳ社会は匿名による利己的な人間の存在を大量に可視化させたともいえる。

とはいえ、震災からコロナの時代を通じて、以前にも増して利他的な行為を意識するようになり、他者の利他的な振る舞いを目にするようにもなっただろう。

映像研究に携わる人間として、コロナ禍で経営が苦しくなったミニシアター支援のために立ちあげられた「ミニシアター・エイド基金」のクラウドファンディングに参加した。その後、寄付をしたことをすぐにＳＮＳでシェアした。

ところが、誰にも知られないうちはよかったものの、口にした途端にどこか居心地の悪い感覚を抱いてしまった。

不特定多数の人に向けて公言することが、善人ぶっているように感じたのかもしれない。利他的な行為をしていたはずなのに、いつの間にか利己的な振る舞いに思えてくる逆説。寄付に限らず、他者のためにいいことをしたはずなのに、なぜか相手の気分を害したように思えたり、自分が偽善者に思えてしまったりしたことが、誰しもあるのではないだろうか。

ここであるエピソードを紹介しよう。

映画監督の西川美和は、震災後の経験についてのエッセイを書いている。広島の実家に戻ってシナリオの執筆をしていた彼女は、多くのエンターテインメント業界の人たちがチャリティライブやイベントを即興的に披露して被災地応援をしている姿を見て焦ったという。それに策を見出せない自分を利己的で非協力的に感じてしまう不思議な感覚があった。そして彼女は震災から二ヶ月経《た》って、避難所での映画上映会を企画するグループに参加する。ところが、ある避難所の現場の代表に次のようにいわれたという。

「ここは大きな避難所ですので、ありがたいことに次々に歌手の方やら色んな方が励ましに来て下さるんですが、正直ここの人たちはもうそういうイベントに疲れ果ててきているんです。ほんとうはもう休んでいたいし、気持ちの中に涙を流したりする余裕もないのだけれど、しかしそこもまた東北の人間の気質というのか……せっかく遠路はるばる来て演《や》って下さるというのだから、腰を上げて観に行かないと失礼だと言うのでみんな頑張って出てきちゃうんですね[*1]」

ここには「利他」の問題を考える重要なエッセンスがある。利他的な行為は、ときに思いもよらず他者に暴力的に作用することがある。無償で与えてもらっているのだから、その想《おも》いに頑張って応えなければならない――そうなると、もはや利他は善意の押しつけである。独りよがりの利己的な振る舞いにすら思えてしまう。

利他は言葉にすると「他人に利益を与えること」であったり、「自分を犠牲にして、他人のために尽くすこと」であったり、容易《たやす》く定義することはできる。しかしながら、いざ実践するとなるときわめて難しい。

遊び場と利他

私たちは生まれてから長い時間をかけて園庭や校庭、公園や広場で多くの時間を過ごす。その「遊び」の日常実践は、私たちの人間性を根底から支え、形成していく重要な営みだ。だが、いま私たちが学び、遊ぶ空間＝環境は劇的に変化している。その空間の変質によって「利他」が起こりうる回路が限りなく断ち切られているように思う。

他者に開かれた利他的な遊び場と、そうではない利己的な遊び場がある。子供と幸福な関係を取り結び、いくつもの遊びが展開していく遊具と、子供をコントロールして遊びが発展していかない遊具がある。それらはどう違うのだろうか。

本書が目指しているのは、「利他とは何か」を厳密に定義することではなく、具体的な遊びの空間やモノに即して、いかなる条件や環境で、利他が発動するのかを子供の遊びから経験的に観察することである。

もちろん、便宜的にどのような概念として使うかは段階的に提示していきたい。だが、その内実は、一般的に知られている利他の概念とはかなり異なるものとして浮かびあがってくるだろう。

あとできちんと説明することになるが、本書では利他を必ずしも人間同士の間だけでやり取りするものではないと考えている。したがって本書では、遊び場における「空間」「モノ」「人間」の織りなす相互行為の瞬間を利他の視点から言語化したいと思う。

西洋では利他主義（Altruism）がフランスの社会学者オーギュスト・コントによって19世紀中頃に提唱されるようになったが、日本ではもっと古い平安時代に、真言宗を開いた空海が利他という語を使用した。利他は、時代や地域によってさまざまな捉え方をされてきたし、現在でもいろいろなやり方で実践されている。

本書では、こうした利他の概念についても紹介していく。だが、焦点をあてたいのは、利他が起こる「環境」を具体的に考えることである。というのも、いま私たちが生きる社会における遊びや学びの空間が、技術や経済、教育や思想によってますます利己的にならざるをえないように設計されていると思われるからだ。

いかにして私たちは、利他が生まれる創造的な「遊び／学び」の空間を作ることができるのだろうか。そのことを、さまざまな遊び場の事例を取りあげながら考えてみたい。

2 利他をめぐる議論

利他論の隆盛

２０１０年代に突入して「利他」という言葉を耳にするようになった。もちろん昔からある概念で、さまざまな領域で議論されてきた。だが、ここ数年で明らかに利他論が再び注目を浴びている。なぜだろうか。

私の見立てでは、利他がここ十数年の間に流行してきた背景として、２０１０年代という時代精神が大きく関連していると思う。大まかにわけて、三つの要素が基盤になっているのではないだろうか。

一つ目は、加速化する新自由主義という政治経済状況。二つ目はコミュニケーションの劇的な変化をもたらしたＳＮＳというメディア状況。三つ目は東日本大震災から新型コロナウイルスというカタストロフィによる壊滅的状況。

大雑把にいえば、新自由主義（ネオリベラリズム）とは、戦後に主流だった福祉国家モデルに代わって小さな政府が産業を私有化させ、市場に競争原理を導入することで、より経済活動を活発にするシステムのことである。

日本ではとりわけ「小泉構造改革」が走り出した2000年代前半から新自由主義化が加速し、ほぼ同時期に「自己責任論」が台頭した。発端となったのは政府の勧告を無視してイラクに行った日本人三名が誘拐され、人質として拘束された事件だ。「自己責任」は2004年の新語・流行語大賞のトップテンにも入って一気に人口に膾炙《かいしゃ》した。

自力で頑張って金を稼いだ人が偉く、存在価値が高いという風潮が、格差社会への突入とともに2000年代後半から2010年代にかけて広がっていく。人間がよりいっそう生産性によって価値づけられる社会に突き進んだ。勝ち組／負け組、強者／弱者が明確にわけられ、デジタル化とも相まって、ますます努力や才能、人気が数値化されるようになった。

たとえば研究者であれば競争的研究費をいくら獲《と》ってくるかが能力の指標となり、タレントであればSNSのフォロワー数や動画の再生回数が人気の指標となる。つねに競争を煽《あお》られる社会においては、利己的に振る舞わざるをえない。だからこそリベラルな価値観をもつ人びとが利他の議論をする土壌を生んだともいえる。

20世紀のマスメディアの時代においては、一般人が世界に向けて発信する方法は限られていたが、ソーシャルメディアの時代になり、匿名の人びとも含めた大衆が承認欲求を満たそうとする環境が一般化し、脊髄反射的にインプレッションを得るようになった。

拡散される言説は極端なものになりがちで、ソーシャルメディアの言説空間は、利己的な言葉で溢れた。同時に東日本大震災と日常のオンライン化が重なり、利他的な行動も可視化されるようになった。

要するに、コストパフォーマンスやタイムパフォーマンスが重視される新自由主義下の現代社会において、震災やコロナ禍といったカタストロフィは、ソーシャルメディアという日常生活のツールで、利己／利他行動をよりいっそう「見える化」したのである。

実際、日本では東日本大震災のあとに利他をテーマとする本が立て続けに刊行されているし、欧米では数値化と切り離せない、まったく異なるタイプの「効果的利他主義」の議論も盛りあがりを見せ、すぐに邦訳も出版されている。

コロナ禍では利他に近い概念である「ケア」の議論が活況を呈し、「効果的利他主義」とは別の視点から利他を捉えるような流れが生まれた。利他論やケア論の流行は、２０１０年以降の天変地異による大きな社会変動と無関係ではない。次にこうした利他論の潮流を、主に2010年代にしぼって簡単に紹介しておきたい。

利他論の潮流

大雑把にまとめていえば、これまで「利他」は主として生物学、宗教学、経済学などの学問分野で議論されてきたといえる。

たとえば、あとで見返りがあるから他の個体の利益になる利他行動をするというロバート・トリヴァースの「互恵的利他主義」の理論を紹介しながら進化生物学の視点を中心に利他学を論じた書物や[*2]、脳科学・遺伝学など生物学的な立場から利他的な感情・行動がいかに生まれるのかを考えた書物がある。[*3]これを「生物学的利他主義」としておこう。

慈善活動や社会貢献は、特定の宗教を超えて根幹に関わるテーマであり、宗教的理念にもとづく利他主義も議論されてきた。[*4]仏教思想の観点から利他を考える書物もここ数年の間に刊行されている。[*5]こうした利他論を「宗教学的利他主義」と呼んでおく。

最後に感情と切り離し、徹底的なデータ分析を通じて、もっとも大きな効果を困っている人に与える「効果的利他主義」の議論が盛んになった。独特な考え方なので、あとで参照しながら解説していくとして、ひとまずこれらを「経済学的利他主義」としておきたい。

むろん、これ以外にも哲学、心理学、人類学などで利他行動は長く議論されてきたテーマではあるが、ここでは紙幅の都合上言及を控えたい。

こうした議論とは性質の異なる新たな利他論に取り組んでいるのが、東京工業大学（現：東京科学大学）を拠点にした未来の人類研究センターの「利他プロジェクト」である。新型コロナウイルス感染症の流行にともなう緊急事態宣言の発令とほぼ同時期に発足し、伊藤亜紗《あさ》が編者となって刊行された『「利他」とは何か』を皮切りに、中島岳志《たけし》の『思いがけず利他』や若松英輔の『はじめての利他学』といった利他についての本が刊行された。*6

本書が試みたいのは、こうした一連の利他学を引き受けつつ、社会学・メディア研究の視点から利他を考えることである。具体的な理論や方法論に関しては後述する。

ひとまずここで触れておくならば、既存の利他論の中核は、人間や動物の間で交わされる利他であり、それが起こる空間や環境について踏み込んだ議論をしたものはほとんどない。

さらにいえば、身体への着目はあるが、生命体では<u>ない</u>モノの媒介性に関する議論はなかった。本書にオリジナリティがあるとすれば、人間以外のアクター（行為する存在）への着目とモノの媒介性による利他の分析であろう。

「効果的利他主義」の陥穽《かんせい》

本書がどのようなアプローチを採るかを述べる前に、欧米圏の若者を中心として盛りあがっている「効果的利他主義」と呼ばれる利他の考え方について説明しておきたい。

この運動を推進しているウィリアム・マッカスキルは、善意が成功に結びつくとは限らず、いかにして効果的に人びとの役に立てるかを考え、データや合理性を取り入れながら慈善活動を最大限の成果に変えることが重要だという。

効果的な利他主義で肝要なのは、「どうすれば最大限の影響を及ぼせるか?」と問い、客観的な証拠と入念な推論を頼りに、その答えを導き出そうとすることだ。いわば慈善活動に対して科学的なアプローチを取り入れるわけだ。何が真実なのかを素直で中立的な視点から突き詰め、それがどういう真実であろうと真実だけを信じると誓うのが「科学」であるとするなら、何が世界にとって最善なのかを素直で中立的な視点から突き詰め、それがどういう行動であろうと最善の行動だけを取ると誓うのが「効果的な利他主義」なのだ。[*7]

マッカスキルの「利他主義」は「ほかの人々の生活を向上させるという意味」であり、ポイントは「ある行動が『効果的』かどうかを判断するには、どの行動がどの行動よりも優れているかを理解しなければならない」と述べている点だ。ここでは施す者と施される者、与える主体と受け取る客体が前提とされ、客観的なエビデンスをもとに、もっとも効率よく合理的な方法が提案されている。

同じくこの運動の源流ともいえるオーストラリア出身でアメリカの大学で教鞭《きょうべん》をとった倫理学者のピーター・シンガーは、「効果的利他主義」は「私たち自身の人生に意味を与え、私たちの行いをやりがいのあるもの」にしているとし、「他者に恩恵をもたらしますが、間接的に自分にも恩恵をもたらしているのです」と述べている。*8

彼は「効果的利他主義」が利己主義《エゴイズム》と対極にある、自己犠牲を必ずともなうものだとは考えていない。他者に対する利他行動は回り回って別の他者から報われる、いわゆる「間接互恵性」を前提とした考え方だ。

ピーター・シンガーは社会貢献活動が比較可能だと捉えている。彼は情緒や共感ではなく、数字や理性を重要視し、費用対効果の高い方法を証明できるチャリティに寄付をするのが、効果的利他主義者だと述べる。すなわち、徹底して数値化と比較によって選別し、費用対効果を求める「功利主義的利他主義」ともいえるだろう。

他に経済学者のジャック・アタリも、自らにとっての利益を動機とする「合理的利他主義」を主張する。こうした合理的な思考にもとづく利他の理屈はわかるし、実際の効果もあるだろうが、それこそ「共感」できない人もいるに違いない。

ここであげたような「経済学的利他主義」の数値化や間接互恵システムを懐疑的に捉え、利他概念を拡張してユニークな視点から議論を展開しているのが、伊藤亜紗や中島岳志らの利他論である。

伊藤は数字の重要性を認めながらも、数値化が目的化し、それに縛られることによって利他が抜け落ちてしまう危険性を指摘する。中島は、利他的行為によって自らが恩恵を受ける間接互恵性の利己的な欲望が、受け取る側にとって不快に思われること、あるいは利他の豊かな世界を破壊してしまうことを危惧する。

新しい利他論の視座

中島岳志は、「合理的利他主義」が、自ら「利他」だと思った行為が、そのまま利他として受け取られることが前提となっていることの危うさについて触れ、与え手が意思をもって利他的行為をしても、それが利他であるかはわからないという。

自分の行為の結果は所有できるものではない。あくまでも与え手の意思を超えて、受け手がその行為を「利他的なもの」として受け取ったときに、初めて相手を利他の主体に押しあげることができるのである。*9

伊藤亜紗は、「私の思い」による利他的な行為が他者をコントロールし、支配することに警鐘を鳴らす。これをすれば相手は喜ぶはずだという利他の心は、善意の押しつけにもなりうるし、容易に他者の支配へと転じるという。

この章の冒頭で引いた西川美和のエッセイにある支援者と被災者の関係がまさにそうである。だからこそコントロールを手放す。不確実性を受け入れる。伊藤は「うつわ的利他」という言葉で、相手が入り込める「余白」をもつことの重要性を説いている。本書でも子供の多様な遊びを受け入れる遊具の「余白」は重要なポイントとなる。

伊藤はまた、他者への「ケアとしての利他」に意外性を見出す。行為者の計画通りに進む利他は押しつけになりがちだが、ケアとしての利他は、計画外の出来事へと開かれ、他者の潜在的な可能性に耳を傾け、それを引き出すと論じる。さらにそこには自分自身も変化する可能性があるという。一方的でない利他とは「他者の発見」であると同時に「自分の変化」をともなうのである。[*10]

これは子供と遊具の関係にも、ある程度あてはまる。つまり、利他的な遊具や遊び場は、予測できないほど子供のポテンシャルを引き出してゆく。と同時にモノとしての遊具もまた、さまざまな機能を引き出され、まったく別物の遊具へと変化する。お互いが潜在的な可能性を引き出しあうのである。

先にも述べたように、他者のための利他行為が利己へと反転することがある。コロナ禍で経営難に陥ったミニシアター支援への私の寄付の例がまさにこのケースだといえる。だが、むしろ逆に自らが楽しい利己的な行為が、意図せず他者の楽しさになることがある。

批評家の若松英輔は空海の「自利利他」という言葉を引きながら、「自己を深めることと他者の救済は一つ」だと論じた。[*11] 遊び場では遊び手の意図せざるところで他者を喜ばせる利他的な行為が散見される。

本書ではこうした現在の利他論を参照しながら、いくつかの遊び場にフォーカスして、子供の遊びのありようを見ていくが、本論に入る前に子供の遊びの観察における理論的な視座を共有しておきたい。

3　本書のアプローチ

「連関の社会学」としての遊び場

社会学にとどまらず、人類学や経営学、政治学、アートなど幅広い分野で応用されている「アクターネットワーク理論」（以下、ＡＮＴ）というものがある。フランスの社会学者であるブリュノ・ラトゥールが代表的な提唱者だ。[*12]

ＡＮＴは人びとの集まりが「社会」を構成するのではなく、非人間（生物、無生物、人工物、技術などあらゆる要素）を含む異種多様なアクターの連関が「社会的なもの」を組み立てていると考える。

ラトゥールは社会を基本的に複数の人間の集まりと捉える「社会的なものの社会学」を批判し、非人間を二次的なものと位置づけることのない「連関の社会学」を打ち立てた。

要するに、行為する主体としての人間だけではなく、人間以外のさまざまな要素が果たすネットワークをたどり、その結果として社会を見る必要を訴えたのである。人間／非人間にかかわらず、アクターは他のアクターとの連関を通じてエージェンシー（行為や作用を生み出す力＝

行為主体性）を発揮する。ＡＮＴはこのように近代の人間中心主義からの脱却を前提にして「社会」を捉える理論だといえるだろう。

たとえば、ＡＮＴからすれば、子供が遊具を主体的に用いて遊んでいるとは捉えない。子供の遊びを構成するのは、人間の行為だけではなく、遊びの空間を構成するあらゆる要素――遊具、大地、自然、天気、技術、素材などのアクターである。したがって本書の遊び場の分析では、非人間も含めたアクターが、どのように遊び場で子供たちの遊びを構成しているかにも着目したい。

すべての事例をこうした理論で分析することはできないが、モノや自然といった人間以外のアクターが、子供の身体といかなる連関のもとで遊びを作りあげているかを具体的に見ていくことは、おそらく「利他」の問題を考えるにあたってきわめて有用である。

若松英輔は仏教思想における「他」には「自他」を超えた意味があり、利他における「他」は、自分以外の他者（人間）ではなく、「自」と「他」の区別を超えた、無数の「他」（生きとし生けるもの）だと論じている。[*13]

ここには当然、動物や虫のみならず、樹木や大地といった自然も含まれる。モノとしての遊具もまた、子供にとっては利他的な関係を結びうる存在だと本書では捉えていく。遊具と人間も同格のアクターとして、お互いにどのようにして潜在的な力を引き出しあっているのかも見ていきたい。

メディアとしての遊具

「メディア／メディウム」（複数形：media／単数形：medium）は、新聞、ラジオ、テレビ、映画など伝統的なマスメディアにとどまらない、より広範なものを指す用語として考えられる。ラテン語のメディウムは、もともと「媒介」や「中間」を意味する言葉だったが、ヨーロッパの諸言語に取り入れられ、さまざまな意味に派生していくことになった。

いま「メディア」といえば、20世紀の映画やテレビの発達とともに「マスメディア」を表す言葉として広く認知されているが、本来はメッセージの発信者と受信者を「媒介」するものという意味である。したがってメディア論では、何かと何かの媒介作用となるモノを広く扱い、模型や衣服をメディアと捉えて議論することもある。

遊具に対して「メディア」という言葉は唐突に思われるかもしれないが、作り手がいて、遊び手がいる、その媒介となる遊具は、メディウムに違いないし、子供同士の遊びを媒介するモノでもある。

現象学の視点から遊ぶ主体を論じたフランスの哲学者ジャック・アンリオは、「おもちゃは現実の世界と想像の世界のあいだをつなぐ媒介物」[*14]だと述べている。

遊具で遊ぶ人間は、遊具に込められた〈意味〉の受け手である。たとえばインクルーシブ遊具は障害をもつ子供も一緒に遊べるという送り手のメッセージを放つ。あとで本書に登場する、手すりも柵もつけない危険な遊具もまた、その作り手のメッセージを伝達するだろう。

また、ある人にとっては、遊具に触れることによって、過去の懐かしい記憶を想起したり、かつて経験したトラウマを喚起したり、時空間を超えて〈意味〉を伝達するメディウム〈媒介〉にもなりうる。

だから本書では、遊具はそれ自体でメッセージを遊び手に伝達するモノであり、メディウムの一種と捉えたい。その利他的な媒介性を探究することも目指している。

遊具のアフォーダンス

こうしたメディア論的な〈意味〉の受け手とも関連するが、遊具と子供の関係を考えるうえで参考になるのが、知覚心理学者のジェームズ・J・ギブソンの提唱した「アフォーダンス」という概念である。

アフォーダンスとは、動物が事物に関わることによって、一定の反応が返ってくる環境の傾向性のことである。簡単な例をあげれば、穴はそこに入ることや中を覗《のぞ》くことを動物に提供（アフォード）する。あるいは石はつかむことや投げることをアフォードする。

ギブソンによれば、ガラスの壁は見ることをアフォードするが、通り抜けることはアフォードしない。[*15]モノに限らず、他者の身体もまた、それを知覚する動物に応答的行為をアフォードする。

つまり、環境を感じつつ自ら動くものである動物が、その行為によって周囲の媒質（medium）との関係が変わり、新たな情報が伝わって、またさらなる行為へと導かれてゆく絶え間ない知覚と行為の循環、すなわち取り巻く環境と出合う場面で知覚されるものがアフォーダンスなのである。[*16]

遊び場における子供の遊びというのは、自身を取り囲む環境のなかで、動きながら人間／非人間の存在から、行為が触発され、さらに次の事物との関わりへと移り変わってゆく。土管があれば穴の中に入り、階段があれば足をかけ、手すりがあればつかむ。

ただし、モノは子供に対していつも同じ普遍的行為を促すのではない。たとえば真冬に子供を公園に連れていったとき、大きな複合遊具の一画に、綱渡りと手足をかけて進む渡り棒の二つのルートがあり、繰り返し前者を選んで進んでいた。なぜかと尋ねたら綱渡りは「もっところが縄でぬるいから」で渡り棒は「もっと手が冷たいから」という理由をあげた。真冬のステンレス製の素材は、子供にとって冷たくて不快だったのだ。

したがって遊具のアフォーダンスを考えるとき、形や色だけではなく、気温や天候などその日の環境との関係も考慮しなければならない。均質的な環境もなければ、子供もまた多種多様である。モノが一方的に子供の動きを生み出すのではない。子供も意志をもって主体的に遊びを作り出す。絶え間なく移りゆく環境のなかで、子供がいかに知覚し行為しているのか、それを経験的に描き出していきたい。

*

こうした理論を念頭に、本書では三つの遊び場のフィールドワークを実施した。ただし、これらの理論をそのままあてはめて確認するのではなく、あくまでも「利他」の視点から遊びを検討していく。

これまでの利他論との違いを改めてまとめておこう。生物学にせよ、宗教学にせよ、あるいは経済学にせよ、利他をめぐる議論は人から人、あるいは動物同士の話になりがちだった。だが、本書ではそうした個人の主体的な行為から離れて、空間や環境のなかで、あるいはモノを媒介にして、人間の動きがいかにかたちづくられるかに焦点をあてる。

公園や学校、公共施設、街など広く環境をデザインし、「遊環構造理論」を提唱してきた環境建築家の仙田満は「遊びやすい空間とそうでない空間はどう異なるのか」を問うた。[*17] 本書は「利他的な遊び場とそうでない遊び場はどう異なるのか」、あるいは「利他的な遊具とそうではない遊具はどう異なるのか」という視点で、遊び場や遊具を介した遊びを見ていきたい。

まずは次章で効率的に管理された利己的な遊び空間を確認したうえで、利他的な可能性に富んだ遊び場を見ていく。そうして、利他の回路を取り戻すための方法を実践的に考えていきたい。言い換えれば、本書は利他空間を経験的に捉える本であると同時に、現在の私たちが生活する遊び＝学びの環境を批判的に捉えた現代社会論でもある。

――遊びの利他とは、いかにして起こりうるのか、モノ（遊具）と人間（身体）のネットワークに利他が作動する契機は、どのように見出されるのか。

まずは公園という重要な遊び場が、いかなる変遷をたどってきたのかを整理し、モノによって現在の公園が管理社会化した状況を批判的に検証していこう。

註

＊1　西川美和『映画にまつわるXについて』実業之日本社文庫、２０１５年、70～71頁。

＊2　小田亮『利他学』新潮選書、２０１１年。

＊3　柳澤嘉一郎『利他的な遺伝子――ヒトにモラルはあるか』筑摩選書、２０１１年。

＊4　稲場圭信『利他主義と宗教』弘文堂、２０１１年。

＊5　たとえば、平岡聡『理想的な利他――仏教から考える』春秋社、２０２３年。

＊6　伊藤亜紗編『「利他」とは何か』集英社新書、２０２１年。伊藤亜紗・村瀬孝生『ぼけと利他』ミシマ社、２０２２年。他にも土井善晴・中島岳志『料理と利他』（ミシマ社、２０２０年）、近内悠太『利他・ケア・傷の倫理学――「私」を生き直すための哲学』（晶文社、２０２４年）などがある。

＊7　ウィリアム・マッカスキル『〈効果的な利他主義〉宣言！――慈善活動への科学的アプローチ』千葉敏生訳、みすず書房、２０１８年、13頁。

＊8　ピーター・シンガー『あなたが世界のためにできるたったひとつのこと――〈効果的な利他主義〉のすすめ』関美和訳、ＮＨＫ出版、２０１５年、9頁。

＊9　中島岳志『思いがけず利他』ミシマ社、２０２１年。

＊10　伊藤編、前掲書、46～63頁。

＊11　若松英輔『学びのきほん　はじめての利他学』ＮＨＫ出版、２０２２年。

＊12　ブリュノ・ラトゥール『社会的なものを組み直す――アクターネットワーク理論入門』伊藤嘉高訳、法政大学出版局、２０１９年。
＊13　若松、前掲書、93頁。
＊14　ジャック・アンリオ『遊び』佐藤信夫訳、白水社、１９８６年、１１７頁。
＊15　Ｊ・Ｊ・ギブソン『生態学的視覚論――ヒトの知覚世界を探る』古崎敬ほか訳、サイエンス社、１９８５年。
＊16　河野哲也・田中彰吾『アフォーダンス――そのルーツと最前線』東京大学出版会、２０２３年、9〜39頁。
＊17　仙田満『遊環構造デザイン――円い空間が未来をひらく』左右社、２０２１年。

第二章　公園論

——安全な遊び場

1　公園遊具小史

公園の概要

公園は時代の移り変わりとともに、その姿を変化させてきた。「公園」といっても、自然環境の保護のために指定されている「自然公園」もあれば、それとは異なり人間の遊びや運動などの目的のために整備された「都市公園」もある。

「都市公園」は「都市」にあるわけではなく、用途や規模によっていろいろな種類があり、国または地方自治体が設置した公園が「都市公園」と呼ばれている。

少しややこしいが、この「都市公園」のなかにも細かく区分がある。①「住区基幹公園」、②「都市基幹公園」、③「大規模公園」、④「国営公園」、⑤「緩衝緑地等」に分類され、「住区基幹公園」が約9割を占める。このなかでもさらに「街区公園」「近隣公園」「地区公園」と大きさによって名称が異なるのだが、ここでは細かい定義は措《お》き、日常的に利用する「住区基幹公園」を中心に取りあげたい。

ちなみに従来「児童公園」と呼ばれていた公園は１９９３年の都市公園法施行令の改正によって「街区公園」と名称が変更された。

児童のみならず、高齢者をはじめとする地域住民の利用を促進させ、コミュニティの形成が公園に期待されるようになったのだ。したがって、２０００年前後から進んでいる「危険な遊具」の撤去や、大型複合遊具の設置、健康遊具やインクルーシブ遊具の導入は、地方自治体の政治的思惑や地域住民の声が反映されている。

公園は地域住民たちにコミュニケーションを提供する公共スペースであり、学校とは違った環境で遊びや学び、社会性が育まれる重要な場所である。そして幼少期から大人になっても日常生活に深く関わる公園は、同時代の社会が反映される空間でもあるだろう。この場所が時代とともに劇的に変化しているのだ。

私は日本の公園や幼稚園のフィールドワークをしながら、子供の遊びの仕方や空間の管理の方法を調査してきた。とりわけ遊具に着目し、モノを媒介にして子供たちがどのようなコミュニケーションを交わし、いかなる遊びを生み出しているのかを観察している。

本書では遊び場と「利他」について論じていくが、まずここではかつての公園が現在どのような空間になっているのか、遊具を使った子供の遊びがいかに変化しているのかを批判的に検証し、利他を縮減させる環境の危うさについて見ていきたい。

公園は実に不思議な、そして魅力的な空間である。遊具や空間のあり方によって子供たちの動きや喜びがまったく違うし、知らない子供同士の関わり方も遊具の配置や造形で変化する。人間が多種多様なように、公園や遊具もまた、さまざまな形や空間として存在し、人間同士の関係を作りあげてゆく。

現在の公園は、豪華な遊具もたくさん設置され、遊びの種類も豊富で子供たちをワクワクさせるものばかりである。さらに健康遊具やインクルーシブ遊具も導入され、快適で楽しい遊びの空間に感じられるだろう。

ところが、従来の公園と現代の公園では遊具も遊びも、三つの点でかなり変化していることを強く実感させられる。すなわち、①「人と遊びの分断」、②「危険性の排除」、③「管理と公平性」の点で従来の公園とは大きく異なっているのだ。まずは現在の公園がどのような空間になっているのかを歴史的な視点から紐解《ひもと》いていこう。

公園の歴史

日本における「公園」制度は、1873年の「太政官布達」第16号によって指定されたのを始まりとする。ただし公園という制度はなくとも、それ以前に実質的な公園はあり、江戸時代の寺社境内は人びとが自由に立ち入ることができる遊観の場であった。しかしながら、そうした遊観所は、近代以降の遊具を配した公園ではない。

遊具の歴史は非常に複雑で、たとえばブランコは中国では「鞦韆《しゅうせん》」と呼ばれ、古くから宗教儀礼としての機能をもっていた。これが日本の書物に登場するのは827年の『経国集《けいこくしゅう》』だから、広い意味でいえば、遊具には驚くほど長い歴史がある。

とはいえ、いわゆるブランコやシーソーの類いが西洋から日本に最初に入ってきたのは、明治時代に入ってからで、慶應義塾が1868年にシーソー、ブランコなどの体育施設を設置した。三田に移転した1871年には、運動場にブランコ、シーソー、鉄棒など体操施設を増設したという記録がある。[*1] 近代になるとドイツ式体操器具の影響もあって「体操遊具」として規格化されたようだ。

公園に遊具が設置されたのは1879年の上野公園内で、子供が遊ぶためというより、屋外体操場のような位置づけだったという。当時の「朝野新聞」には、上野公園地内へは体操場を設け、木馬、梯子《はしご》などをそなえつけたと記されている。

その後、西洋建築に囲まれた日比谷公園が１９０３年に開園、遊動円木や鉄棒、水平ラダーなど遊戯体操装置が設置され、公園にこうした装置を置くことが一般化していった。明治も後半になると公園や遊具が児童の遊びの場として認知されるようになっていく。

したがって、遊具はいまの公園遊具の「遊び」の感覚と異なり、古くは宗教の儀礼的側面があり、近代には体を鍛える富国強兵の理念とも結びついていたことがわかる。こうした「儀礼」や「体操」の機能が次第に失われて、子供の遊びのための遊具として設置されるようになっていった。特に現在の公園を考えるうえでの起点となるのが、戦後の都市公園法である。

１９５６年の都市公園法で、「三種の神器」と称されるブランコ、滑り台、砂場の設置が義務づけられ、これらの遊具は、いまでも多くの公園に散見される。昔の公園はとてもシンプルな広場で、遊具も簡易的なものだった。昔の遊具と公園は画一的であったといえるだろう。

１９６０年代には遊具を組みあわせた「コンビネーション遊具」や「総合遊具」が幼稚園や公園に導入されはじめ、それ以降、遊具の複合化・大型化が進む。ちなみに１９８０年代後半から90年代にかけてローラー滑り台が設置されはじめ、全国で長さを競いあうようなブームが巻き起こった。

現代の公園のあり方を考えるうえで重要な転換期となるのは、１９９３年の都市公園法施行令の改正である。これまで「児童公園」として設置されてきたものは「主として街区内に居住する者の利用に供することを目的とする都市公園」（街区公園）に改められた。すなわち、児童の利用に限らず、幅広い年齢層の人びとに日常的に利用されるものに改定されたのである。

その後、１９９０年代に少しずつ全国各地で「健康遊具」が導入されるようになってゆく。新聞などの言説を見ると、「健康遊具」とセットで「高齢者向け」や「お年寄り向け」といった言葉が使用され、「シルバー遊具」「介護予防遊具」と言い換えられてもいる。

２０００年前後からは「箱ブランコ」の相次ぐ死傷事故によって、特定の遊具が危険視され、全国で撤去が進んでいく。あとで詳しく見ていくように２０００年代後半は、少子高齢化と健康に関連する言説の広がり、そして責任を負うことを逃れようとする自治体や遊具メーカーがリスク回避を志向することによって、健康遊具の増加と危険な遊具の撤去が次々と進み、安全な複合遊具が設置されていくことで公園の空間が様変わりしていった。

そして２０２０年頃には社会的包摂や多様性、共生といった価値の高まりのなか、日本にもインクルーシブ遊具やインクルーシブ公園が各地で導入されていく。すなわち、２０００年代後半と２０２０年代初頭が日本の公園の劇的な転換期にあたり、大きくその空間が再編され、遊具が変質していった時期なのだ。

この20年は、日本で新自由主義化が一気に進んでいった時期とも重なっている。このように公園は社会が求める思想や価値を具現化する空間である。次に90年代以降の変化を少し細かく確認していこう。

2 「危険」と「健康」言説

変容する遊具

まず戦後の経済成長とともに公園には三種の神器以外に、大型複合遊具や長いローラー滑り台といった大きな遊具が設置されていった。巨大なものへの憧れは遊具にも反映され、スリルを求めることに何の疑いもなかった。

その象徴的な存在の一つが、1969年に仙田満によってデザインされた仙台市の宮城中央児童館モデル児童遊園（現：向山中央公園）の「巨大遊具」である。全長180mのコイル状のコースと大きなジャングルジム、16mの滑り台が連なる、大型複合遊具の一種だといえる。その後、先に述べたようにローラー滑り台の長さを各地で競いあうブームが80年代後半から始まった。この時期まで遊具の思想は連続している。

　変化の兆しが見えはじめたのは、バブル崩壊後の90年代後半である。箱ブランコの事故を契機として特定の遊具が危険視されるようになったのだ。

　箱ブランコは１９５０年代中頃から幼児でも遊べる遊具として全国の公園や保育園・幼稚園に普及したが、たとえば、１９６０年に東京都で４歳の男児が死亡する事故が起こり、その後も事故がたびたび起きた。１９９１年には名古屋市の児童遊園で足を挟まれて骨折した男子が市を相手に慰謝料を求めて提訴している。だが、この事故は単発的な扱いで大きく報道されることはなかった。

　一方、１９９７年の神奈川県藤沢市の箱ブランコで足を骨折した事故は、藤沢市と遊具メーカーに損害賠償を求めた訴訟が起きて「箱ブランコ訴訟」として取り沙汰されることになった。１９９８年に宮崎県高岡町《たかおかちょう》で11歳の女児が挟まれて死亡、１９９９年にも群馬県藤岡市で箱ブランコによる同様の事故があり同市は損害賠償を命じられ、２００１年の島根県益田市の幼稚園で起こった箱ブランコの死亡事故も、教諭と園長が書類送検され、刑事責任が問われた。

　このように２０００年前後に死傷事故と訴訟が相次いで、箱ブランコは危険な遊具の代表的な存在となり、並行して回転遊具の事故も問題視され、２００２年に国土交通省は初めて公園遊具全般の安全指針を作るにいたる。各自治体は遊具点検に追われ、職員の人手不足も問題になった。

こうした流れのなかで、２０００年代を通して箱ブランコや回転遊具は使用禁止・撤去が進んでいくという流れが生まれたのである。自治体がボール遊びや自転車の乗り入れを禁止にしていくのも同じ時期だ。国土交通省の調査結果から激減していく遊具と増加していく遊具を確認してみよう。

２０００年前後に頻発した死傷事故によって箱ブランコは２００１年から２００４年の期間に一挙に74％も減り、他にも回転塔や吊り輪《つわ》も少なくなっていることがわかる【図2-1】。反対に同時期に増えたのはもっと下の幼児を対象とするスプリング遊具だ【図2-2】。バネのついた動物の模型にまたがり、前後に揺すって遊ぶスプリング遊具の導入は、自治体によると「事故が起こる可能性がほとんどないため」（横浜市緑政局運営改善課）だという（「読売新聞」２００３年9月27日朝刊）。すなわち、危険な遊具である箱ブランコが撤去された代わりに、より安全なスプリング遊具が導入されたということがわかる。

もう一つの傾向として注目すべきは、２０００年代から健康遊具の導入が飛躍的に伸びている点である。危険な遊具を排除する一方で進行していたのは、高齢者を公園へと呼び込もうと

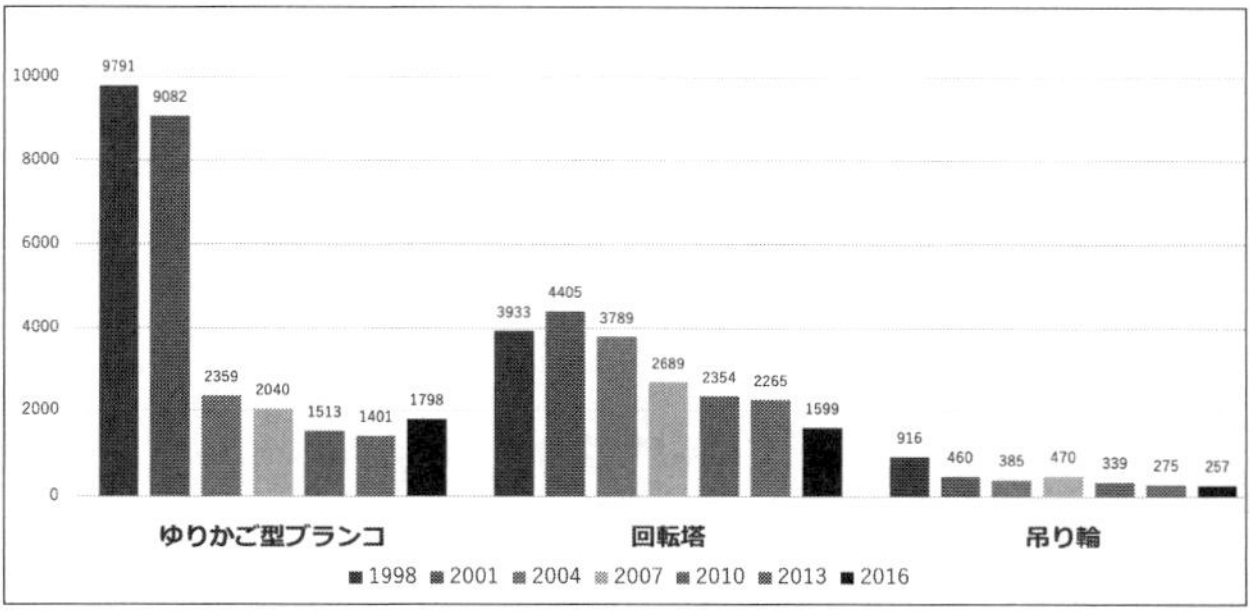

【図2-1】日本の公園における「ゆりかご型ブランコ」「回転塔」「吊り輪」設置数の変遷（1998〜2016年）

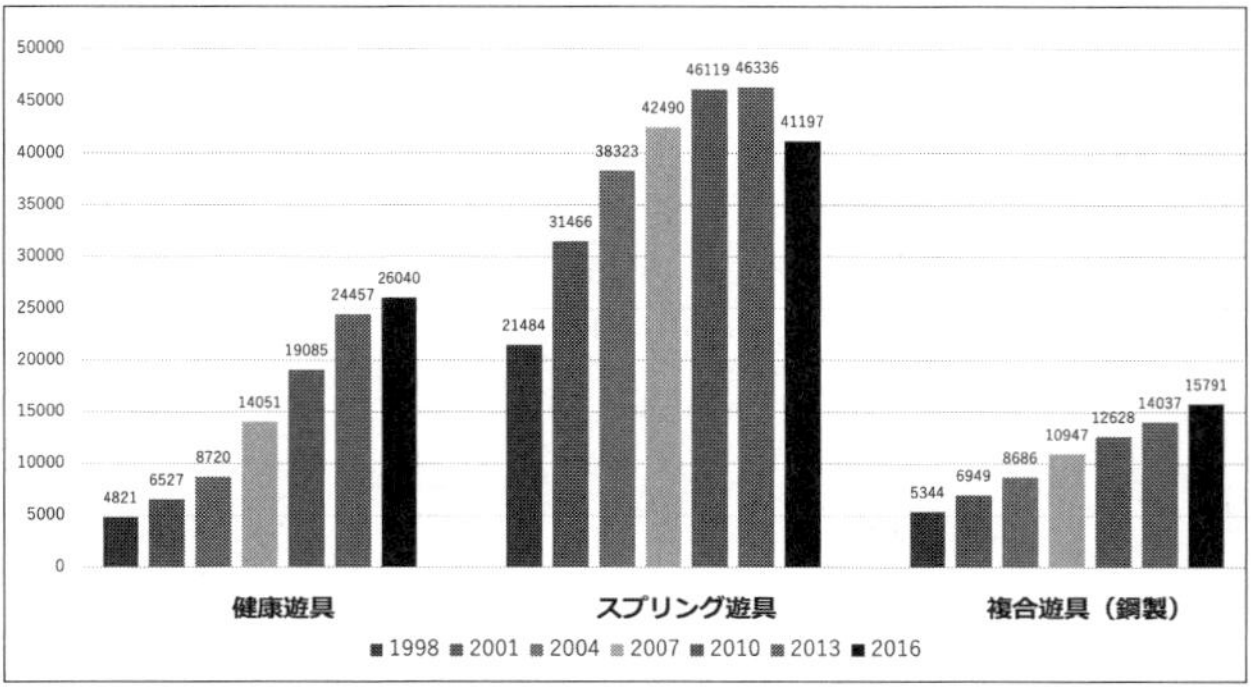

【図2-2】日本の公園における「健康遊具」「スプリング遊具」「複合遊具（鋼製）」設置数の変遷（1998〜2016年）

する動きだ。行政の思惑というより、日本全体が老後の健康を意識するようになった時代の風潮も関係していると思われる。

背景にはいくつか要因があって、その一つは団塊世代の大量退職が始まる「2007年問題」を目前に健康志向が高まったことがあげられる。Googleトレンドでキーワードを検索してみると「高齢化社会」という検索ワードは2004年がピーク、「メタボリックシンドローム」は2006年がピーク、略称の「メタボ」は2008年がピークになっている。要するに、危険な遊具の撤去と安全な遊具の導入、高齢化社会における健康言説のなかで健康遊具が配置されていったのは、ほぼ2000年代の同じ時期のことだった。

公園の年代別利用者は1971年に50%を占めていた「小学生以下」が2007年は34%まで減り、「65歳以上」が6%から14%に増えた（「読売新聞」2009年2月17日夕刊）。公園で遊ぶ主体は小学生から幼児・高齢者へと開かれていったのだ。別の視点から見ると、1990年代から2000年代にかけて、ゲーム機の飛躍的普及によって、子供たちがいっそう家で遊ぶようになった時期でもあった。

危険視される遊具

2000年代の遊具の撤去は、単に子供を危険な遊具から守ろうという意志の表れだけではない。2003年の新聞記事では「子供たちの安全への配慮はもちろんあろうが、遊具による事故で訴訟を抱えた自治体が面倒な管理責任を回避するためではないのか」（『産経新聞』2003年10月1日朝刊）という一般市民の声が取りあげられている。

2004年の新聞記事では、自治体に団地の公園に鉄棒を設置してほしいと要望したら「危ないから」と断られたというエピソードが紹介され、遊具の撤去には「管理責任追及に対する行政側の〝及び腰〟も背景にありそうだ」（『読売新聞』2004年4月14日朝刊）と記されている。こうした危険な遊具の排除の裏には、自治体の責任回避が根本にあると見ていいだろう。

また、鉄棒のない公園が増えた理由について書かれた同時期の記事によれば、新宿区特有の事情として「ホームレスが鉄棒を洗濯物の物干しとして使ってしまう」ということが、新しい公園に鉄棒が設置されない理由の一つだという。[*2]

ここで路上生活者の話題に転じることは唐突に思われるかもしれないが、実はちょうど同じ頃、空間をめぐる政治的な管理という点で、公園からの危険な遊具の排除と類似することが起こっている。それが公共空間からのホームレスの排除である。

バブルが崩壊してから次第に1990年代を通じて路上生活をする人びとが増加していき、

新宿西口はその象徴的な場となっていった。1994年と1996年に「環境整備対策事業」として段ボールハウスを解体・廃棄する強制撤去が実施された。通路にはプランターが据えつけられ、植木が置かれた。さらに「環境美化」のためにカラフルな突起物の「オブジェアート」が設置される。

「ホームレス」が社会問題となった90年代後半には、路上生活者が公園のベンチで寝られないよう真ん中に手すりをつけて排除しようとする取り組みが見られる。

こうして公園という空間は危険性の排除を推し進めていくが、そのなかにはモノの形状による路上生活者の排除も含まれていたのだ。モノによる空間の政治的な管理は、公園や路上などさまざまなスペースで実践されていったのである。

2002年にはホームレス支援法が施行され、東京都の施策の中心である「自立支援システム」と「ホームレス地域生活移行支援事業」が示された。山口恵子の調査によれば、就労支援や低価格のアパートの提供に加えて公園管理を行い、野宿者が新たに流入して生活を始めることのないように、路上生活者がいた場所にはテープが張られたりカラーコーンが置かれたり、あるいは公園の管理事務所のスタッフが見回りをしていたという。[*3]

新宿の公園だけではない。新たな商業地には野宿できないように工夫されたオブジェやシャッターなどが設けられ、駅や遊歩道などのベンチには、寝られないようにしきりが取りつけられていった。定着したテントを掌握して管理化し、次々と公共空間から路上生活者たちを排除していったのである。

また先の記事では、複合遊具やスプリング遊具が増えている理由として、鉄棒などは見た目で子供の興味を引かないけれども、子供が多く集まるようにできるだけ目を引く遊具を置くようになってきているという日本公園施設業協会の専務理事の言葉が紹介されている。[*4]

こうした経緯から高齢者の健康増進のための健康遊具、危険性の少ないスプリング遊具、人びとの目を引く複合遊具が増えていったのである。一見、こうした潮流は、1993年の都市公園法施行令の改正、すなわち児童のみならず高齢者や幼児など幅広い地域住民の利用を促進するという理念が結実したように思われるかもしれない。

だが、ここには大きな問題があると私は思っている。そのことを検証していく前に、現在のトレンドであるインクルーシブ遊具が導入された最先端の公園についても確認しておこう。

3　社会的包摂の時代の公園

最先端のインクルーシブ遊具

ちょうどコロナ社会へと突入した2020年3月、東京都世田谷区の都立砧《きぬた》公園に誕生した「みんなのひろば」が国内では最初のインクルーシブ公園だとされている。*5 「インクルーシブ」とは「包み込む」「包摂的な」などの意味があり、障害をもつ子供も安全に楽しめる遊具の設置が進められている。

2010年代中頃からSDGsの推進とともに「多様性」と「社会的包摂」（ダイバーシティ&ソーシャルインクルージョン）、「共生」が重視され、性的マイノリティや障害をもった人びとへの配慮や議論が世界的に活発になった。2013年には障害者差別解消法が制定され、2016年に施行された。

障害は個人にあり、それぞれの努力や治療などによって解決すべきものだとする「医学モデル」、あるいは「個人モデル」に対して、障害者の存在を考慮せずに作られた社会構造自体が問題だとする障害の「社会モデル」が80年代から90年代にかけて、イギリスやアメリカで議論され、法制化も進んだ。こうした障害の「社会モデル」の考え方は、２００６年に国連総会で採択された「障害者の権利に関する条約」に示されている。

日本は２０１４年にこれに批准し、「社会モデル」の考え方にもとづく対応が求められるようになった。公園の空間もまた、このような流れを受けて、社会的包摂の理念を体現する場所となっていったのである。

各自治体は、社会の潮流に乗りつつ助成を進め、「インクルーシブ遊具」や「インクルーシブ公園」は２０２０年以降、一気に全国に広がりを見せている。コンセプトとしては障害の有無に関係なく楽しく遊べる場所、幅広い年齢の人たちが関われる公園作りであり、それ自体は素晴らしい試みである。しかしながら、こうした遊具のインクルーシブ化は、はたしてどれほど人びとの関わりを豊かにしているのだろうか。

公園の排他性

インクルーシブ公園は１９９０年代以降に欧米で広がったといわれている。とりわけアメリカでは障害者差別を禁じる法律が制定された90年代以降に、市民団体の活動を背景に次々とインクルーシブ公園が整備されていった。

日本では2006年にバリアフリー法が施行され、出入り口などのバリアフリー化が義務づけられたものの、遊具にまでは及ばず、障害者も楽しめる公園は少ないままだった。それがようやく砧公園の「みんなのひろば」へと結実したのだ。

ただし、都による砧公園の聞き取り調査（2020年8~9月実施）では、健常者の親からは「けがをさせたら困る」「関わりたくない」といった慎重派の意見が多数寄せられ、一方の障害者側からは「遊びたいが目線が気になる」や「健常者が多くて気が引ける」といった声が寄せられたという（「読売新聞」2022年5月8日朝刊）。

実際にインクルーシブ公園のフィールドワークにいっても、障害者と健常者が関わって遊んでいる姿に私は出くわしたことはない。基本的な理念としてインクルーシブ公園は、障害の有無、年齢、性別に関係なく誰でも楽しく遊べる空間にするという点を重視している。

だが、いま公園はインクルーシブ（包摂）を謳《うた》いながら、その実、子供たちに対してエクスクルーシブ（排他的）に作用してはいないだろうか。

健康遊具に高齢者を囲い込み、遊具ごとに年齢層で分断し、世代を超えた関わりは実質的に禁じられる。ここにアートを装ったホームレス排除のベンチなどを付け加えてもよい。公園がいかに利他的な場所となるかは、その理念のみならず、モノとしての遊具や、人びととの関係を規定するスペースの物理的＝物質的な配置が強く関わっているのである。

健康遊具の設置に関して、健康増進のために好んで利用する高齢者がいる一方、さほど喜んで遊んでいないという声も聞く。介護予防といいつつ、医療費の削減の思惑も見え隠れする。モノに「お年寄りは長生きするためにこれを使って運動をするように」と呼びかけられることで尊厳が傷つけられる人もいるという。

公園のベンチの真ん中にひじ掛けを取りつければ、そこで眠りたい人に「あなたは歓迎されていません」という意味を伝え、コンクリートの歩道にスパイクを打ち込めば、そこに座りたい人に「あなたは受け入れられていません」といい放つ。モノのアフォーダンスは、ある意味で言葉よりも有効である。

あえて説明書きの看板を立てる必要もない。モノの形状や配置によって発せられるメッセージが、有無をいわさず、より明確に身体に作用するため、言葉で説明するよりも効果的なのである。こうしたモノによる管理空間は、人びとを利他的な行動から遠ざけ、排他的に作用しているといえる。

4　遊びの管理と効率化

現代の息苦しい公園

現代の公園は昔と違って禁止事項だらけだ。ボールや道具を使った運動遊びの禁止。自転車の乗り入れ禁止。犬や猫などペット禁止。スケートボード、キックボードの禁止。いたるところに注意書きがある。

たしかに硬い球でキャッチボールをしていて、コントロールを誤って幼児のほうへ飛んでいくこともある。私も小さい子供を遊ばせていて危ないと感じたことは多々ある。こうした命や大怪我《おおけが》に関わる危険は回避しなければならない。だが、危険性を回避するあまり、公園の空間は自由に遊ぶどころか窮屈なルールに縛られ、人びとをモノによって分断しすぎている。

禁止事項だけではない。いまは遊具も多様化し、複合遊具は大きく複雑な形に進化している。公園によっては、それぞれの遊具に丁寧に遊び方まで解説してある。子供や親はその説明を読んで「正しい」遊び方で遊ぶことを目指す。

けれども、遊具に模範とされる遊び方など必要だろうか。こうした作り手からの丁寧な指示は、子供たちが遊具から多様な遊びを発見していく創造力を縮減してしまう。

日本公園施設業協会は２００２年から遊具に対象年齢を示すシールを貼るように勧めている。公園に行けば、多くの遊具に３〜６歳、６〜12歳と対象年齢が書かれたシールが貼られていることに気づくだろう【図２-３】。それ以前は基本的に遊具ごとに年齢制限が設けられてはいなかったため、子供たちは年齢を気にすることなく好きに遊具で遊ぶことができた。

だが、このシールがあると、子供たちは遊びたくとも、ある遊具からは年齢が適さないため締め出される。私は三人の子供といろいろな公園に一緒に行くが、たいてい同じ遊具で一緒に遊べず、引き裂かれることになる。

分断は子供たちだけではない。なかにはルールを厳密にし、遊具ごとに「６〜12才用です。幼児・大人の方はご利用できません」「事故防止の為、年齢制限厳守」とまで書かれているものも少なくない【図２-４】。当然、親は子供と一緒に遊具で遊べず、外部から見守り役に徹するか、遊びの空間から疎外され、子供とは別の世界（スマートフォンなど）に行くしかない。

健康遊具はほとんどの場合、中央ではない一定の場所（多くの場合は公園の端）に設置されているので、高齢者は、また別の場所へと集められる。すなわち、親子三世代で公園に行った場

【図2-3】2002年以降推奨されている対象年齢シールや注意シール

【図2-4】ルールを厳密にしたシールが貼られている

合、世代でまったく関わりなく分断されることにもなりかねないのである。家族でなくとも、小学校高学年の子供が幼児のサポートをしてあげたり、高齢者が子供と関わったりする機会が限りなく奪われているのだ。

実際、子供は親や祖父母が遊びに関わってくれると非常に喜ぶのだが、遊具が人間同士の世代を超えた関わりを切断しているのである。モノによる日常的な管理の反復は、子供にその規律を内面化させる力を行使する。対象年齢のシールは、子供自らに遊んでいい遊具と遊んではいけない遊具を規範化し、親もまた人の目を気にしていく。

安全性への配慮と危険性の排除に関しては、当時も疑問視する声があった。「産経新聞」(2002年8月26日朝刊)のアンケート調査によれば、「危険をどうやって回避するかを学ぶ場が、子供の本当の遊び場でしょう」という声や、「子供は遊びを通じて危険や友情、ルールを学ぶ。あえて親や行政が口を出す問題ではない」という辛辣な批判が見られる。

けれども、時を経てこうした声は力を失っていく。いままでは危険はあらかじめ排除し、管理が行き届いた空間を求める傾向が強い。現在の公園では、禁止事項と空間の管理化によって、子供たちは分断され、親と子供は管理する者とされる者の関係に引き裂かれる。

効率化・管理化された公園

現代の最先端のインクルーシブ公園の一つとして、東京都府中市にある都立府中の森公園を見てみよう。ここは全国でも有数のインクルーシブ遊具が多く設置された公園である。だが、ここでの遊びは、子供に親切であると同時にトラブルを起こさないような管理が周到に行き届いており、「効率よく」遊ぶことができる。

「効率化」は必ずしも悪いことではない。現代社会を生き抜くときに避けられない問題であり、私自身、場合によっては効率主義のもとで判断することは多い。しかしながら、子供の遊びにおいて、行きすぎた効率主義や管理主義は、子供の創造的営みを抑制し、子供同士の利他的なつながりを断ち切ってしまうことがある。

私が府中の森公園を訪れたのは2023年のこと。武蔵野《むさしの》の森、大きな広場、じゃぶじゃぶ池、府中市美術館などと並んで遊具広場があり、そこが最先端のインクルーシブ遊具で作られた「もり公園にじいろ広場」である。広い空間を贅沢《ぜいたく》に使った開放感のある公園で、遊具も数多く設置されている。

来園者はワクワクするに違いない。公園内に入ると、安全面の配慮が細かく記載された看板には約束事が書かれている。たとえば「3歳―6歳の幼児には大人が必ず付き添って下さい」と書かれた「10のやくそく」という看板には「ぬげにくいくつをはく」「じゅんばんをまもる」「とびのったりしない」と守るべきルールが記されている。こうした規範化によって、子供たちや親たちは「人に迷惑をかけてはいけない」という意識を刷り込まれていく。

この公園では遊具のネーミングを市民から募集し、遊具ごとに付されたQRコードを読み込むと、子供たちの声でニックネームが聞けるという特徴的な取り組みをやっている。行政の施設に地域が参加する現代的な取り組みとして素晴らしい。

遊具広場には象徴的でカラフルな複合遊具「もりこうえんコースター」があり、高さも見た目もスペクタクル性がある。車椅子に座ったまま遊べる砂場が設置され、複合遊具「アドベンチャーキャッスル」には、幅広く緩やかな坂道のスロープがつけられている。車椅子でも一緒に遊べる仕様になっており、先端的な遊具だといえるだろう。

また、音が出る遊具もいくつか取り揃《とそろ》えてあり、遊具ごとに異なる、充実した機能が実装されている。広い敷地に設置されている遊具のほとんどがインクルーシブ性をそなえており、危険もなく、安心して遊ぶことができる。

ただし、行き届いた配慮と高い安全性はマイナス面もある。大きな複合遊具では、子供たち

【図2-5】ブランコには回数制限が明示されている

【図2-6】カラーコーンにも遊具の回数制限が書かれている

の遊ぶルートが決められ、ランダムに動いたりすることがあまりなく、隠れ家的スペースはない。親の目が行き届く開かれた空間で危険なく遊べるように計算されていることがわかる。

　トランポリン遊具は3〜6歳、6〜12歳と年齢別にわけられていて、私の子供たちは一緒に遊べず、バラバラに遊ぶほかなかった。危険でないようにあまり跳ねない作りになっており、スリリングでないからか、彼らはすぐにやめて別の遊具に向かっていた（むろん、これは安全面からいえば優れた作りだといえる）。

　ブランコは通常のもの以外に両端にインクルーシブ遊具のブランコが設置されている。体が落ちないようにがっちりと固定される座面と円板上に乗ることができる座面で、このタイプのブランコは現在かなり増えている。

　驚いたのはブランコの柵のところに「入口」と「出口」と書かれたコーンが立てられている

ことで、遊びたい子供は入口から入って列に並ぶように促される。順番を待っている場所には「ブランコからのおねがい」と書かれ、次の人が待っているときは「20回まで」との文言が記されている【図2-5】。こうした遊ぶ人の経路や回数を定めるルールはここだけではない。「バネバネバランス」と名づけられたシーソーにも同じように「20回揺らしたらこうたいしてね」という表記が見られる【図2-6】。実際に休日に行くとかなりの子供が入口から並んでおり、順番が来たら親が数を20回数えて終わらせていた。親がいなくとも子供たちも自主的に次のグループが待っていたら「もう20回やったよ。やめよう」といって代わっていた。

これほど秩序づけられた公園は、まだ珍しく、よくいえば厳密なルールによってルートも回数も制御され、順番を抜かしたり遊具を横取りしたりすることなく争いごとは最小限に抑えられる。実際、こうした管理が隅々まで行き届いた場所を好む親もいて、帰り際に「この公園いいね。危なくないし、これで駐車場代だけなら安い」と話す声も聞こえてきた。

この公園では子供たちが遊ぶ行動の多くがコントロールされ、回数も年齢もルートも厳密に定められている。遊具の数は多いが、一通り遊んだら「やり終えた」感覚になる。私の子供たちは一通り遊具で遊ぶと、すぐに隣にある丘になった大きな広場に向かっていき、フリスビーやサッカーをして遊び出した。

効率主義と安全性が行き渡った管理は、一方で不規則な動きや自由な「間」をあまり与えない。遊びに「余白」がなく、遊具によって「遊ばされている」ように思われた。しかも、遊びには本来「終わり」はないはずだが、ここでの子供は「終わり」をモノによって与えられている。そのことによって全体で見れば効率化しているのだが、それに喜びを見出せない子供がいるのも事実だろう。

遊びの転覆性

遊具をやり終えた子供たちは隣にある広い丘を駆けあがった。これは単にそこに面白そうな「坂」があるからである。坂があるから走って駆け登る。頂上で「ヤッホー」と叫んで反響を楽しみ、坂を駆け降りていく。坂という大きな斜面がアクターとして、子供たちにエージェンシーを発揮し、子供もまたエージェンシーを引き出されたのである。

あるいはここの遊具で、作り手がおそらく予想していない遊びが生まれる瞬間もあった。「バネバネバランス」はシーソーのような遊具だが、真ん中に四角い台のスペースがある【図2-7】。子供たちは、この空間を使って、グラグラする揺れを楽しんだり、寝転がって不規則な力で滑ったりすることで、楽しさを発見していたのである。

【図2-7】
シーソーの真ん中にある台で遊びを見出す子供たち

【図2-8】
ジャンプ台と化すインクルーシブ遊具

【図2-9】
遊具のなかにあるスペースに入り込む遊びも生まれた

この遊びは、フランスの社会学者ロジェ・カイヨワが「イリンクス」として分類した「眩暈《めまい》やスリルを伴う遊び」にあてはまる。

たとえば、車椅子の子供でも使えるインクルーシブ砂場もここ数年の間に増えてきた。だが、私が観察した限り、この場所で車椅子の子供が遊んでいる様子を見たことはない。おそらく、車椅子で遊んでいる子供もいるだろうが、めったに出くわすことはないのではないだろうか。

それではこの場所で子供は何をしているのか。

砂を置いてある台の高さにもよるが、しばしばこのインクルーシブ遊具で目にするのは、その場所を飛び台にしてジャンプすることでスリルを味わい【図2-8】、上に登ってお風呂のように入り込む姿である【図2-9】。これもまた、遊具の作り手が意図した用途とは離れ、子供が使用方法を転覆させ、遊具を乗っ取っている例の一つである。遊び手を論じたフランスの哲学者ジャック・アンリオは次のように述べている。

子どもは、おとなから自由に使っていいものとして与えられた遊びの器具を含めて、手にはいったものを利用して、ほとんど何をしでかすかわからないほど、何でもしうるものなのだ。らせんすべり台でも、こまでも、ぶらんこでも、子どもは、発明者が予想し、見たところその器具の構造から決まっているはずの使いかたとは、まるで違う使いかたをすることがある。*6

子供は、決して作り手が意図した通りに遊ぶわけではなく、無意識に遊ぶ。子供は自由に場を乗っ取り、作り手の意図を転覆させる。

このとき、遊具によって子供の創造力が引き出されているのと同時に、遊具は子供によって新たな顔を見せている。作り手の意図に反して子供がいかなる遊びを見出していくのか、そういった創造的遊びに関して、第三章から第五章で、いくつかの遊び場のさまざまな事例を見ていくことにしたい。

註

*1　1969年に発行された、慶応義塾編『慶応義塾百年史』付録の年表を参照。

*2　坂井浩和「鉄棒なし公園増えた訳　子どもの楽園は今」、「アエラ」2007年2月5日号、44頁。

＊3　山口恵子「都市空間の変容と野宿者――九〇年代における新宿駅西口地下の事例より」、狩谷あゆみ編著『不埒な希望――ホームレス／寄せ場をめぐる社会学』松籟社、2006年、86～87頁。
＊4　坂井、前掲、45頁。
＊5　個々の遊具ではそれ以前にも「インクルーシブ遊具」の機能をそなえた遊具は設置されているが、公園全体を、そういったコンセプトとしたケースは砧公園の「みんなのひろば」が国内初といえる。
＊6　ジャック・アンリオ『遊び』佐藤信夫訳、白水社、1986年、115頁。

第三章　遊びを工学する

——第二さみどり幼稚園

1　遊び場のフィールドワーク

三つの遊び場

子供同士の遊びを媒介する遊具は、千差万別である。創造的な遊びを助長して心から楽しませているものもあれば、一度やったら終わりで遊びが展開していかないものもある。利他的な遊具とそうではない遊具、この違いはどこにあるのだろうか。

遊具の奥深さに魅了され、子供による公園／遊具での遊びを観測するため、私は日本全国の公園にフィールドワークに出かけるようになった。その公園の遊具研究の調査は、別の本で詳しく論じるとして、本書では「利他」の視点から三つの個性的な遊び場を、空間（スペース）―遊具（モノ）―人間（ヒューマン）の関わりから考えていく。

本書で論じていこうとしている遊び場は、福井県敦賀《つるが》市にある「第二さみどり幼稚園」（以下「さみどり」）、東京都世田谷区にある「羽根木プレーパーク」（以下「はねぎ」）、大阪府南《みなみ》河内《かわち》郡河南《かなん》町《ちょう》にある「森と畑のようちえん　いろは」（以下「いろは」）である。なぜこの三つの場所をフィールドにしたかをまずは簡単に述べておこう。

あとで詳しく触れることになるが、たとえば「いろは」は、幼児たちが森の大自然のなかで雨の日も雪の日も暑い日も日常生活をする。幼児保育としてはきわめてラディカルな場所である。前章で取りあげた大型複合遊具が設置されている豪華な都市公園と「いろは」を比較してしまうと、前者が人工的で管理されたよくない遊び場、後者が大自然でのびのびと過ごせる自由な遊び場という二項対立図式の単純な議論になりかねない。

そのため、立派な大型遊具が設置された遊び場のなかでも利他的な空間や構造が見出される場所も比較対象として含めることにした。それが「さみどり」である。この場所が、豪華な遊具が設置された都市公園とどのように異なるのかも検討していきたい。

そしてもう一つ、「はねぎ」の遊び場は、「いろは」のようにむき出しの自然環境でも、「さみどり」のように贅沢な遊具のある環境でもない。これら二つの遊び場とはまた違う空間と遊具がある。そして遊具と遊び手の関わり方が根本的に異なっている。

「はねぎ」は、世田谷区にある羽根木公園の一画を借りて運営される遊び場で、手作りの遊具が立ち並んでいる。自然でもあり人工的でもあるこの特殊な遊び場も、興味深い理念のもと子供たちが集まって日々遊びを楽しんでいる。これから、それぞれまったく異なる三つの遊び場を主に見ていきたい。

遊びの調査手法

遊び場のフィールドワークの具体的な調査手法としては、現場での子供の遊びの行動観察と、遊びをサポートする周囲の大人へのインタビューを組みあわせて進めた。

行動観察といっても連日一緒に生活し、森での生活を子供たちと体験させてもらった「いろは」は参与観察に近く、「はねぎ」は東京にあるため定期的に訪れ、イベントに参加し、遊具の変化を長期にわたって観測した。ただしコミュニティの「内側」に入り、遊びを体験したわけではなく、あくまでも調査者として現場に入り、遊具や子供の遊びを観察してきた。「さみどり」は一日のプログラムがしっかりとある幼稚園なので、邪魔をしたり、介入したりしないよう、もっとも「外側」から観察せざるをえない。とはいえ、こちらも定期的に訪問し、朝から夕方まで一日の活動を通して観察させてもらうことができた。「さみどり」と「いろは」は、許可を得てビデオ撮影をさせてもらい、あとから映像で細かく分析もしている。

フィールドによって運営方法が異なるため、まったく同じ調査手法を採用できたわけではないが、基本的には「遊具―空間―子供」が遊びを介して、いかに関わりあっているのかを観察するという意味では一貫している。

そしてそれぞれの遊び場で、「さみどり」であれば、子供と日々接して遊びを間近で見ている保育教諭の方々に、「はねぎ」ではプレーパークの運営をやっている世話人代表に、「いろは」では園を立ちあげた代表に聞き取りを実施した。観察は園庭や遊び場で記述するフィールドノート以外にも写真やビデオ撮影の許諾を取り、必要に応じて記録し分析した。

したがって、本書の分析は、子供の遊びの現場に入り、ビデオや写真、ノートで記録したものと、運営に関わり間近で遊びを日々見ているスタッフへの聞き取りで構成されている。インタビューは基本的に子供の遊びに普段から接している大人に実施したが、遊んでいる途中の子供に遊具の感想を尋ねたり、逆に近くで見ていると子供から感想を聞かせてくれたりすることもあった。そうした反応も適宜、組み込んでいることをここで記しておきたい。

加えて「はねぎ」は誕生当初から地域住民が運営の主体となっていて、遊具や活動に関する多くの刊行物や報告書が残されている。こうした資料も組み込んで議論を進めていく。

また調査した遊具は、当然ながら永久にあるものではなく、取り壊されたり、別の遊具になったり、移動したりするものである。本書で言及する遊具は、２０２０年から２０２３年までの約４年の間にフィールドワークで訪れ、調査したものであることも付言しておく。

2　アートとしての遊具

個性ある遊具
——福井県敦賀市にある第二さみどり幼稚園。

ここは仏教寺院の住職が幼児教育の必要性を感じて1916年に早翠《さみどり》学園を設立し、とても長い歴史をもつ。第二さみどり幼稚園は、幼児保育の教材教具や遊具を製造しているジャックエッグループのモデル幼稚園の一つであり、全国でもトップクラスの教育環境が整備されている。幼児期の学びを重視した教育理念を実現させるための考え抜かれたカリキュラムや、子供の身体能力を最大限に引き出す園舎の空間設計を特色とする。

広大な敷地には、大型複合遊具、木製アスレチック遊具に加えて、さまざまなタイプの遊具があり、園環境が充実した魅力的な幼稚園だ。

「さみどり」の空間は、園庭を囲むように園舎があり、園内は土足でそのまま生活するため、外／内の境界が明確にわけられないように設計されている。土足保育は清掃が大変なので、導入している幼稚園・保育園は珍しいという。だが、これは子供の生活の動きをスムーズにするための工夫の一つだ。

「さみどり」では、保育室、ホール、園庭が回遊構造になっていて、子供たちの開放的な動線が確保されている。子供たちは保育室から廊下を挟んで中央の園庭まで靴を履いたままなので、遊びが中断されない環境に身を置く。つまり、外に出て遊びたいと思ったら、その気持ちを絶やさずにすぐに出ていけるのである。園庭の敷地の半分には巨大な複合遊具【図3-1】、そして木製アスレチック遊具がそびえ立つ【図3-2】。前者は特に複雑な構造で高低差もかなりある稀有《けう》な大型遊具だ。

【図3-1】第二さみどり幼稚園の複合遊具

【図3-2】木陰に設置された木製遊具

広々とした園庭の敷地に芝生が生え、周りにいろいろな遊具が点在するように設置されている。ここにはイサム・ノグチによって設計された遊具彫刻「プレイスカルプチュア」【図3-3】、大宮エリーによる巨大立体アート「お花の妖精フラワーマン」【図3-4】、プロダクトデザイナーの深澤直人による「BANRI」【図3-5】や「OMOCHI」【図3-6】などデザイン性が高く、アートのように鑑賞して楽しめる遊具が立ち並んでいる。他にもプラザには巨石彫刻家の半田富久の作品「たまご」が並び【図3-7】、木をランダムに組みあわせて作った「YOSAKU」という遊具もある【図3-8】。

遊具は体を使って遊ぶものという常識に囚《とら》われる必要はない。ただ眺めて楽しむ遊具だってあっていいし、写真に収めて飾ってもいい。そういったアートが日常にあれば子供たちの創造力を刺激し、感性を養うだろう。

実際、富山県美術館の屋上公園「オノマトペの屋上」には、グラフィックデザイナーの佐藤卓《たく》がデザインした独特な遊具が美術品のように展示され、鑑賞して過ごすことも写真に撮って楽しむこともできる。ここでは「ぷりぷり」「つるつる」「ぼこぼこ」といった身体感覚を呼び覚ますようなネーミングと形状の遊具が設置され、思わず触れたくなるような存在感を放つ。観て楽しむことも、触って楽しむこともできるのである。

「さみどり」には、デザイナーやアーティストとコラボレーションして作られた遊具がいくつも設置され、園庭に置かれているだけでもアートになり、遊んでも機能性が高い遊具が多い。

【図3-3】
イサム・ノグチ設計の
「プレイ スカルプチュア」

【図3-4】
大宮エリー作
「お花の妖精フラワーマン」

【図3-5】
深澤直人による「BANRI」

【図3-6】
深澤直人による「OMOCHI」

【図3-7】
半田富久作「たまご」

【図3-8】
木を組みあわせて作った「YOSAKU」

もっと日常的に過ごす街の公園や大学など公共の場にも、デザイン性が高く、いつでも遊べる遊具が増えたらいいと思う。

ミニマムな遊具

「さみどり」にあるアート志向の高いこれらの遊具は、もちろん鑑賞するためだけに設置されているのではない。子供の多様な遊びを引き出す、考え抜かれた形状になっている。

たとえば「BANRI」【図3-5】は、一見、きわめてシンプルなデザインで、彫刻のような存在感があるが、その独特な形状が子供の行動を誘発する設計になっている。デザインを手掛けた深澤直人は、この遊具には無数の「アフォーダンス」が含まれているという。

第一章で述べたが、アフォーダンスとは、知覚心理学者のジェームズ・J・ギブソンの造語で、環境が動物に、そなえ、与えている意味を表す。すなわち、遊具でいえば、デザインが子供に与える行為的意味のことである。

遊具はその形や色、素材によって、さまざまな行為を促す。行為に多様な意味を与える場合もあれば、単一的な意味しか与えないものもある。こうした理念をもとに設計された遊具は、いかなる多様な遊びを与えているのだろうか。

この「ＢＡＮＲＩ」に関してはアフォーダンス研究の佐々木正人を中心とする調査チームが観察している。その調査報告を紹介する前にまず、これからの議論を読みやすくするために、モノの形の違いがいかに子供の動きに作用しているかを理解しておきたい。

四角形の大きな箱が置かれていたとする。子供たちは登って飛び降りたり、上で寝転がったりするだろうが、それほど多様な動きは生まれない。それに対して、「ＢＡＮＲＩ」は非常に多様かつ複雑な動きを身体に要請する。

調査報告の一部をまとめたものが遊具メーカーのカタログに掲載されているので、参照しながらこの遊具での遊びについて見ていこう【図３-９】。一番低いところが玄関のように子供を遊具の内部に引き込む。逆側の少しフラットになった場所は子供がはまって休んだり、あるいは第二の玄関として機能し、飛び降りて遊んだりする人気スポットのようだ。右側に最高地点があり、そこから覗き込んだり、急勾配を滑ったり駆け降りたりする。中央の穴は、こもって周囲を見回し、場所を取りあうほど大人気の場所である。

この遊具に限らず、子供は小さく狭い穴を好み、入りたがる傾向にある。他にも縁に跨《また》いで座り、そのまま降りたり移動したりする動きが見られる。あるいは側面をなぞったり叩《たた》いたりする遊びも観察されている。私が実際に現地で見たときには、外側の縁の上をバランスを取り

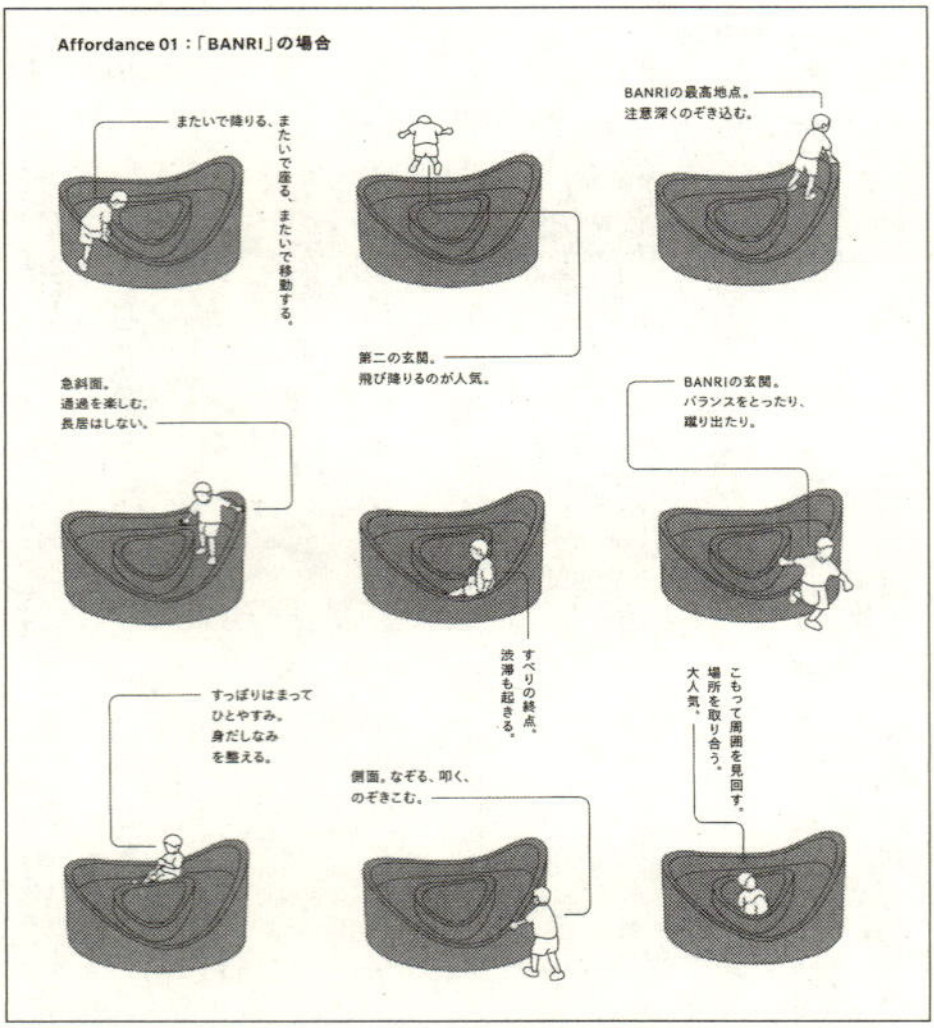

【図3-9】「BANRI」での子供の行為の観察（出典：『JAKUETS BRAND BOOK』2020年）

ながら歩いたり、外側の縁から内側の縁にジャンプしたりする遊びが観測された。また、寝そべったり、滑りながら急斜面をよじ登ったりする動きも見られた。

複数人での遊びになると、不安定な足場を利用して立って押しあったり、滑る部分が渋滞して列を作ったり、友達と肌で触れあう遊びが展開する。これほどシンプルでミニマムな遊具にもかかわらず、多彩な遊びを生み出す仕掛けに満ちており、工学的に練られた設計になっていることがわかる。

ただし、設計者がすべての子供の

動きを意図して作っているわけではないだろう。子供はつねに予想もしない動きや遊びを作り出す。それは子供の動きをすべて計算したプラスの設計というより、遊びを生み出せるようあえてマイナスにし、遊具に「余白」をもたせる設計だといえるかもしれない。

遊具の「余白」――これからさまざまな遊具を見ていくが、「余白」は利他的な遊具のキーコンセプトの一つになる。それでは他の遊具も見ていこう。

「フラワーマン」での多様な遊び

先にも少し触れたが、「さみどり」の広い敷地に置かれているものの一つに、大宮エリーが作った巨大立体アート「お花の妖精フラワーマン」（以下「フラワーマン」）がある。幼稚園には珍しく、アートとしても遊具としても存在するものである。このオブジェはもともと大阪梅田の広場にアート作品を依頼された大宮エリーが、コロナ禍で疲弊した日々のなかで、子供も大人も自由に遊べ、憩えるアートとして2021年に制作したものだ。

全長6・5m、高さ4mに及ぶ大きさで、「フラワーマン」の体には、30種類の草花が描かれている【図3-10】。聞き取りをした保育教諭の一人は「遊具がカラフルなのは、見た目の鮮やかさだけではなく、色鬼などの遊びに発展するからいい」と述べていた。コンセプトとしては訪れた人が「フラワーマン」の手のひらに乗って地球に抱かれる感覚になり、癒やされるようにという想いを込めて作られた。

手のひらはベンチになっていて「フラワーマン」に抱えてもらえる感覚になるような設計になっており、ちょうど背中に階段があって両腕が滑り台になっている【図3-11】。つまり「フラワーマン」の背中からなかに入って肩から腕に滑って降りることが想定されている。

また、手のひらのベンチは子供を見守る親たちが座れるように作られているらしい。もちろん、そこに子供が座ってもいいし、滑り台を大人が滑ってもいいと作者も述べている。展示期間が終わり、作品を譲り受けて「さみどり」の園庭に設置されることになった。それでは、子供たちはこの作品で実際にどのように遊んでいるのだろうか。

むろん、作り手が想定したように背中にある階段を登って両腕にある滑り台から降りてくる一般的な遊び方もある【図3-12】。だが、それ以上に子供たちは別の遊び方を編み出していた。洞窟のような穴のなかに隠れて話したり、しばらくの間、佇《たたず》んだりする。外部からは見えない、隠れ家のようになったこの場所は頻繁に占拠される【図3-13】。

また、滑って降りてくるよりも、登ろうとする子供たちのほうが圧倒的に多い【図3-14】。しばしば通常の公園の滑り台で、下から駆けあがろうとする子供を目撃する。けれども滑り台というものは上から下に降りる遊具なので、上に他の子供がいたら、その行為は禁じられる。親はしばしば子供にルールを守るよう注意しなければならない。

だが、子供たちの多くは重力に逆らって上に駆けあがりたい。斜面が滑るから、なおさら楽しくて駆けあがろうとするのだ。そして「フラワーマン」の場合、それは滑り台の部分だけではない。むしろ、それよりももっと高い場所によじ登って、全身を使いながら上を目指す。

周囲からは「もっと上に行け!」というかけ声が飛び、盛りあがる。上のほうまで行ったら今度は腕の部分にしがみついてそのまま滑り降りてくる【図3-15】。全身で抱きついて刺激を得るのが気持ちいいのだろう。いろんな子供が何度もこの動作を繰り返していた。

こうした挑戦の仕方は人によってさまざまで、立ったままどこまで登れるか何度も試す子供もいる【図3-16】。なかには高いところからジャンプして飛び降りたり、腕から肩に飛び移ったりする子供もいて、身体が画一的に規定されない動きを生み出していることがわかる。しがみついた友達の身体を引っ張りあって遊ぶ姿も見られた【図3-17】。

あるいは、みんなが去っても、腕の部分にしがみついて動かない子供もいる。激しく遊んだあとにクールダウンし、抱きつくことで安心して休息しているように思えた。不定形な造形と洞窟のような穴、循環構造が、子供たちの遊びの持続的な運動と静止や、外部と内部の転換を

【図3-10】「フラワーマン」には30種類の草花が描かれている

【図3-11】背中の階段を登って両腕から滑り降りる構造

【図3-12】滑り台になっている両腕を滑り降りる子供たち

【図3-13】内部の狭いスペースは子供の隠れ場所にもなる

【図3-14】両腕の急な傾斜を登ろうとする子供たち

【図3-15】傾斜を登っては上から滑り降りる遊び方も見られる

【図3-16】子供たちはどこまで登れるかを競いあう

【図3-17】両腕にしがみついている子供を引っ張る遊び

可能にしているのである。

3　園庭の空間構造と遊具

豊かな園庭環境

園庭全体の環境をまずは素描しておこう。園舎に囲まれたところに大型複合遊具があり、反対側には先に紹介したアート性の高い遊具が広場の周辺に点在している。この大きな原っぱのようなスペースには芝生が生えていて、走って転んでも体を守ってくれる安心感がある。園庭の周囲には大きな樹木が立ち並び、フェンスの向こう側には小川が流れている。

広大な敷地に小さなものから大きなものまでいろいろな種類の遊具があり、園舎や園庭の空間設計はかなり緻密に計算されているが、豊かな自然にも恵まれていることがわかるだろう。一面に広がる緑の芝生、立ち並ぶ樹木、大きく緑豊かな公園に来た感覚になる。

自然が訴えるのは視覚にだけではない。園庭で遊んでいると風にそよぐ木々の音、小川を流れる水のせせらぎが聞こえてくる。他のクラスの保育室からピアノの音色も流れてくる。風や水など自然が奏でる音にピアノの演奏が加わるなか、広い園庭を思い切り走り回り、大きな遊具に飛び込んでいける。そんな贅沢な空間が用意されているのだ。

まず大型複合遊具は写真には収まらないくらい巨大である【図3-18】。建物でいうと2階ほどの高さがあり、幅広いネットをよじ登ると、そこから長いローラー滑り台が伸びている。別の方向に筒状の滑り台もある。反対側にはネット遊具、ジャングルジム、鉄棒、吊り橋などが設置され、高低差のある台が複雑に組みあわされている。頂上は園舎を見渡せる視点が獲得でき、そこから一方向ではなく、いろいろなルートで降りることができる多様な通路が特徴的である。

この大きな遊具の中央を細い水路が通っている【図3-19】。この水路は思いのほか重要だと思う。遊具ではないものの、子供たちは頻繁にこの水路をジャンプして駆けている【図3-20】。真ん中にこの水路があるのとないのとでは子供の動きは大きく異なるだろう。子供たちは飛んだ勢いで遊具の次の場所にリズムをつけて移動していく。

また、この場所を流れる水の音がつねに鳴り響き、遊ぶ子供の聴覚を刺激し続けている。周囲に並ぶ樹木にはロープが取りつけられ、手作り感のあるブランコ【図3-21】、ターザンロープなどもある。丸太を加工して積み重ねた「YOSAKU」も、子供に人気が高い【図3-22】。

【図3-18】第二さみどり幼稚園の大型複合遊具の正面

【図3-19】複合遊具の真ん中には水路が通っている

【図3-20】水路をジャンプして駆けていく子供たち

【図3-21】木にロープで取りつけられたシンプルなブランコ

【図3-22】「YOSAKU」には子供たちが集って全身で遊ぶ

【図3-23】さまざまな生き物が生息する「どろ池」

「どろ池」では、オタマジャクシやカエル、エビ、ヤゴなどいろいろな生き物が生息し、子供たちは観察したり、網ですくって捕まえたりして遊ぶ【図3-23】。

「さみどり」の大型遊具は、それ自体で遊ぶのに加えて、広い空間のなかに置かれることによって重要な意味をもつ。たとえば、上の学年になればなるほど、広い園庭を鬼ごっこや隠れんぼをして駆け回っている。複雑な遊具の構造によって、直線で走ることはできず、小川をジャンプし、低い空間をくぐり抜け、柱を避けて進まなければならない。くねくねした動線は走るときの緩急を生み出し、逃げたり追いかけたりする楽しさをもたらす。

このように周到に設計された人工的な遊具から、自然を感じられる遊具・スポットまで幅広く整備されているのだ。しかも大きなネット遊具や丸太の遊具は全身でしがみつき、高低差のある段や複雑な構造の通路は、それぞれのハードルに合わせて挑戦的な遊びを展開することができる。さらに遊びの間に周囲の小川や園内の水路を流れる水の音、樹木の葉っぱがそよぐ音が聞こえてくる。遊び手は視覚・聴覚・触覚を刺激する環境に身を置くことになるのである。

揺れることと隠れること

ここからは、もう少し詳しく「さみどり」の環境で、いかなる遊びが実践されているのかを、遊具と子供の遊びの関係から見ていきたい。

まず園庭には体がグラグラ揺れる場所がたくさんある。子供はコントロールが効かない、眩暈を引き起こすほどの揺動体験を好む。けれども最近の公園では吊り橋などがガチガチに固定され、ほとんど揺れを楽しめない遊具が増えている。転倒したり怪我をしたりするリスクを恐れてのことだろう。

すでに見たように、２０００年代から回転塔や箱ブランコなど、激しい揺れを引き起こす遊具は危険視されて、撤去が相次いでいるが、子供は本能的に身体が乗っ取られるような体験を求めて遊ぶものだ。

「さみどり」では大型遊具と木製アスレチック遊具のかなりの範囲にネットが取りつけられていることがわかるだろう。このネットはいろいろな角度に設置され、ぶら下がって体をゆらゆらして楽しんでいる子供が非常に多い【図3-24】。

大型遊具にも広範囲に斜めのネットが張り巡らされ、全身でよじ登っていける【図3-25】。木製遊具の吊り橋では、子供が集まって揺れを感じて遊んでいる光景が頻繁に見られた【図3-26】。大型遊具の中央に設置された吊り橋は、かなり揺れが大きく、通過するときに立ち止まって横に激しく揺らすことでスリルを求めていることがわかる【図3-27】。

この大きなネット遊具の重要なところは、自身の揺れが他者に伝わってゆくところである。自らが楽しんでいるのに、その遊びが他者の楽しさにもなる。ネット遊具では誰かが激しくネットを揺らし、ただその場にいるだけで他者の揺れを楽しむ子供の姿がたくさん見られた。また、木にロープで吊るされているブランコでは、通常のこぎ方ではなく縄をねじって回転させ、より眩暈がするスリルを味わえるよう工夫して遊んでいた【図3-28】。通常の公園にあるブランコのチェーンは硬い材質が多いので、こうした遊び方はできない。

他にこの遊び場で散見される特徴は、死角になる空間がいたるところにある点だろう。球体の穴の遊具「たまご」には入れ替わり立ち替わり子供たちがやってくる【図3-29】。子供は狭いスペースが好きで二人から三人がぎゅうぎゅうに押しあって入り込む。小さい穴は特に子供の身体に入り込むようにアフォードする。あるいは覗き込むようにアフォードする。

大型遊具にもいくつか穴があり、体を屈《かが》めて通過しなければならない【図3-30】。「フラワーマン」と同じく、通過せずにとどまって密集し、時間を過ごす姿も見られた。大型遊具の裏側にある大きなケヤキ・ツリーハウスは登ると死角になり、秘密基地やアジトのような空間を楽しむことができる【図3-31】。

また遊具の下にも屈んで通過できるくらいのスペースがあり、ここはしばしば隠れんぼで隠

【図3-24】
あちこちにあるネットには子供たちがぶら下がっている

【図3-25】
大型遊具のネットを全身を使ってよじ登る

【図3-26】
吊り橋で「揺れ」を楽しむ子供たち

【図3-27】
子供たちは大きく揺らすことでスリルを楽しんでいる

【図3-28】
通常の遊び方ではなくブランコをねじって遊ぶ子供

れたり、鬼ごっこで逃げたりする場所として活用されていた【図3-32】。子供は周囲の視線から切り離された隠れ家スペースを好む。また小さな穴があると進んで体を縮めて入り込む。

街の公園の調査でも、親の視線から逃れられる隠れ家スペースが好まれることが確認できた。そこでは、ただ集まって話したり、ゲームをもち寄って遊んだりしながら一緒に過ごす。隠れんぼや鬼ごっこでも、こういう空間があると楽しくなって遊びは盛りあがる。

最近の公園では親や地域の人の目線から逃れたり隠れたりする場所が減ってきている。おそらく親が安心して見守れるような遊具の形が志向されているのだろう。すべてを見渡せるパノラマ的鳥瞰《ちょうかん》も重要だが、同じくらい視界から隠れる空間を組み込むことも、子供の創造的な遊びを考えるなら重視しなければならない。

遊具によって、子供は作り手が必ずしも想定していなかった遊びを生み出す。たとえば「OMOCHI」は丸い形状の遊具の真ん中に階段と傾斜の浅い滑り台が取りつけられている。もちろん、階段を登って滑るという遊びが一般的ではあるが、丸い表面のつるつるした部分を撫でたり、しがみついて滑ったりする子供もいる。また通路の両端に手と足をかけて遊具の上でバランスを取って遊んでいる子供も見られた【図3-33】。子供は作り手が定めたルール通りに遊ぶのではなく、目の前のモノのあり方に身体を委ねながら遊びを発見していく。

【図3-29】
「たまご」の穴の狭いスペースには子供たちが集う

【図3-30】
大型遊具にある穴は子供たちがちょうどくぐれる大きさ

【図3-31】
大型遊具のなかの秘密基地のような空間

【図3-32】
大型遊具の下も子供の遊ぶスペースになる

【図3-33】
遊具の上も子供が遊ぶスペースになる

そのために必要なのは、遊具が子供の遊びを指示しないように存在していることである。そうすることによって、子供はいくつもの遊びを発見しはじめる。こうした転覆的な遊びは、遊具の「余白」なしには成立しない。いかに作り手の意図する遊び方を抑制して、余白のある遊具を作るかという点が、子供の創造的な遊びにとって重要なのである。こういったモノの構造が、子供の身体にアフォーダンスとして多様な意味を与えているのだ。

他者との関わりあい

木に吊るしてあるターザンロープと、同じく2本のロープで木に取りつけられている簡易的なブランコがある。このスポットは一人で遊ぶため必ず順番を待たなければならない。

3歳児クラスの小さな子供が乗るときには、子供の遊びを先生がサポートする。もちろん一人で挑戦できる子供もいるが、難しい場合はつねに近くに先生がいて手助けしてくれる。4歳児・5歳児になるとブランコやターザンロープは自ら遊ぶことができる子供ばかりで、順番待ちの列ができる。

ターザンロープは台の上からジャンプする簡易的な遊びだ。観察していると、次の子供に代わらずに比較的長く遊んでいる子供がいた。後ろの子供はまだかまだかと思いながら自分の番がくるのを待っている。

痺《しび》れを切らして「ねえ、まだ?」と声をかける。遊んでいた子供は「もうちょっと待って、じゃあ、あと5回!」と答える。「わかった」と答えて回数を数える。ところが5回やってもまだ降りようとしない。「もう終わりだよ!」と次の子供。「わかってる、あと3回!」と返す。待ちきれなくなった子供は台から降りていって遊びを制し、仕方ないといった様子で遊んでいた子供はロープを手渡す。そのようにして、ようやく順番が回ってくる。

もしずっと一人で遊具を占有したり、大きな喧嘩《けんか》に発展したりすれば、先生が介入することになるだろうが、このときは何もせず、子供たちだけでやり取りが行われていた。「さみどり」でなくとも、しばしば目にする、どこにでもある光景だ。

いつどのように大人が介入するかは子供たちの関係性にもよるし、保育教諭としての技術を要する。できれば子供たちだけでコミュニケーションを交わして解決に向かうほうがいい。大人は手を出さず、子供たち自身で解決するのをじっと見守る。

面倒な状況に陥るのを回避する方法がある。たとえば、その一つが先に紹介した「20回遊んだら交代してね」という看板だろう。人が関わらずとも、モノ一つで管理・回避できる。回数が厳密に定められ、明確な数字があれば、その回数遊んだ人は終了、基本的には揉《も》め事もなく、順番が回り、全員が公平に遊べる。

だが、はたしてそれは子供にとって「いいこと」なのだろうか。話しあう機会、いい争う機会がなくなることは、大人にとっては楽かもしれない。けれども、こういう日常的にある面倒なやり取りから私たちは民主主義というものを学び、育てるのではないだろうか。

4　保育教諭のまなざし

「さみどり」の先生の語り

「さみどり」では、三名の保育教諭に聞き取り調査をした。インタビュー実施日は2022年12月5日・6日。それぞれ他の保育園での経験もあるため、遊具や子供の遊び方を比較してどのように感じているのか、率直な感想を語ってもらった。[*1]

ここでは先生たちの語りをもとに、園庭の遊具のあり方や子供たちの遊びの観察と、どのように呼応しているかも確認しながら議論を進めていきたい。まず、この園内環境や遊具について「さみどり」の先生はどのような視点をもっているのだろうか。

――この幼稚園の子供の遊びに関して、特色があれば教えてください。

先生C：やっぱり活動の動線が止まらないっていうのがよさですよね。靴の履き替えがなくて、子供たちの気持ちがそのまま遊びに続いていくので。初めて来られる方は、皆さんびっくりされるんですけど。どこからでもすぐに外に出れちゃうっていうところ。2階からも外階段があるので降りたらすぐ園庭で遊べるんで。

園舎と園庭が連続的であることは先にも述べたが、園庭を囲むように園舎があり、遊び場がすぐ近くにあるというだけでなく、土足制を導入していることが、子供の遊ぶ欲求を断絶しないという意味で重要なのだ。

通常の保育園なら、上履きを脱いで外用の靴に履き替え、準備を整えてから外遊びに出かけるが、「さみどり」は園舎のどこからでも外に直接出られるような構造になっている。遊びのモードを持続させる工夫が大切だという。それでは遊具そのものについて、実際に園児の遊びに関わる先生として、どう感じているのだろうか。

――園庭の遊具にどういう印象をおもちですか？

先生C：大きな総合遊具ってたくさんの遊具が組みあわさっていて、滑り台だけど滑るだけじゃない楽しさもあるというか。もちろん滑るのも楽しいけど、ここだと滑るなかで周りの景色がすごく見えたりとか、登ることによって、2階の保育室の様子がすごく見えるようになったりとか。うちはガラス張りなので、視界がパーッて開けて見えるんですね。そういう面白さもあります。私たちだけではなくって、普段見えないところが一気に見えるので、子供たちもそうだと思います。よく手を振りあったりしてます、オーイって。

「さみどり」の園舎の特徴として、ガラス張りになっているため、複合遊具の上のほうに登ると、パノラマ的風景が広がり、すべてが見渡せる点があげられる。これも通常の保育園・幼稚園にはない面白さで、たしかに同じ遊具で遊んでいる子供同士だけでなく、遊具と園舎の離れた場所でコミュニケーションを取りあっている姿が見受けられた。同じ質問に対して先生Aは次のように答えた。

先生A：私は今年異動してきたんですけど、最初はすべてが大きくて……。危険じゃないのかなって思うところもあったんですけど、なんかそこはやっぱり上手に子供たちは遊べてるというか。遊具の遊び方とかも年齢に応じて変わっていくとは思うんですけど、やっぱり年長組ぐらいになると、どの遊具も上手に、自分たちで考えて遊んでるなっていう印象でした。

——では、わりと安心して見ていられる感じでしょうか。

先生A：いや、ヒヤヒヤすることもたまにあるんですけど、やっぱり、子供ってちょっと危険なことが好きだったりするので、まあ、大きな怪我につながるときは声かけするようにはしてるんですけど、そこをあんまり制御してしまうと、その遊具の面白さもなくなるんじゃないのかなっていうところはあるので。見守りつつ遊びが発展するように援助しているかたちです。

大人にとって巨大で難しく思える遊具でも、子供は柔軟性が高く、日常的に身体に馴染《なじ》んでくる。ただ、さまざまな公園の複合遊具の遊びを見ていても、遊具に「遊ばれる」という感覚を抱くことも少なくない。作り手が意図した通りに遊び、決められたルートを通り、安全なまま遊び終える。「自分たちで考えて遊んでる」という子供の主体的な遊びを示す先生の言葉は重要である。
さらに子供は本来「危険なことが好き」というのも、経験上その通りだと思う。現在の公園は危険性を「悪」として子供から遠ざけすぎていると強く感じる。そんななか、あまり制御しないよう遊具の面白さを引き出そうとするサポートは、きわめて有意義なスタンスなのではないか。次に保育教諭の立場から、個別の遊具をどのように捉えているのかを確認していきたい。

——遊具で人気が高いのってどの遊具でしょうか？
先生C：人気が高いのは滑り台の大きな遊具とか、ブランコとかですね。
——大型複合遊具と木製アスレチック遊具の遊び方に違いはありますか？
先生A：木のほうは登ったりできる、体のいろんなところを動かしてるイメージですね。
先生B：あれ結構、登るのしんどくって、ちっちゃい子より年長が遊んでるイメージかな。
——どっちが人気とかはありますか？
先生A：中庭の大型遊具よりもアスレチックの遊具のほうが、普通に滑るだけじゃなく遊びが広がっていくというか。その遊具を使って、なんていうかな、ごっこ遊びだったりとか、そういう何かに発展してるかな。

――そうすると、中庭の複合遊具は、わりとルートとかも決まっていて、遊びの多様性があまり感じられないということですか？

先生Ｂ：いや、ルートはいろんな場所から登れたりするので。滑り台は滑るだけですけど。

木製アスレチック遊具のほうは、全身を使ってよじ登ったり、横に移動したりしなければならないため、比較的上の学年が好んで利用するようである。さらにネットが長く取りつけられているので、他の遊びに発展しやすいのだろう。

それに対して複合遊具のほうは、ジャングルジム、ブランコ、ローラー滑り台などそれぞれの機能が定まっている。ただし、先に見てきたように一般の公園にある複合遊具とは比較にならないほど複雑なルートが「さみどり」にはある。このことは次の質問の答えからもわかる。

――前に勤めていらっしゃった保育園と比べて遊んでいる子供の違いってありますか？

先生Ａ：のびのびできてる気がします。複合遊具だと、なんていうか、順番待ちとかもそんなにないから、自分で考えてできる力とかもついてくるんかなと思って。

先生Ｂ：前の保育園はもっと狭くて遊具も少なかったんで、縄跳びしたり、リレーしたりして遊具以外で体を使って遊ぶことが多かったですね。ここは遊具がたくさんあるので、遊びながら引っ張る力とか身につけてるのかもしれないなって。日常的に全身を使って引っ張ることとって、あんまりできないから、遊具で遊びながら、体の発達にも影響を与えてるのかなと思って。結構高いんですよ。下ってみたりとか、ジャンプしたりとか、上下の動きがすごくあるし。

実際に現場で観察していても、ルートはまったく単調ではなく、きわめて多様な動線が確保されており、追いかけっこや隠れんぼをするとかなり盛りあがる。木製遊具のほうではネットをよじ登っていったり、寝っ転がったりと、足と手だけではなく、体全体で遊具に触れて遊んでいる印象が強い。それでは遊具の具体的なスポットで、どのような特徴のある遊びが見出されるだろうか。

――ここの遊具で、これは興味深いなという遊び方ってありますか？

先生A：あの丸い球のなかに入ってるときがたまにあって【図3-7】。あれ、なんか落ち着くみたいです、子供は。中に入って、ちょっと揺れるという。やっぱり狭いところは好きみたいですね。

——大型複合遊具でいうと、どこに集まりやすいですか？

先生Ａ：ネットの部分はつねに人がいます。登るだけじゃなくて、平面になっている部分があるじゃないですか、途中の。そこでジャンプしていたりとか、鬼決めのジャンケンしてたりとか。

——木製アスレチック遊具で人気の場所ってありますか？

先生Ａ：やっぱりネットのところはよく遊んでますね。あと木の板が並んでいるところも結構人気があります。ネットに子供らがおるときにめっちゃジャンプしてあげるとすごく喜びますね。ちょっとスリルがあるのが、好きなんだと思います。

死角になる狭い空間や穴を好む点は行動観察でも確認された。ロープで吊るされている球体の穴は、軽い揺れを感じるように作られている。子供たちは隠れんぼなどで単にその場所に隠れるだけではなく、穴のなかにとどまっている。何をするわけではなく、落ち着くから、あるいは揺れを感じたいから、なかに入るのである。

また複合遊具と木製遊具のネットのスペースに共通していえるのが、他者の揺れを感じることの喜びだろう。先生がジャンプしてあげると、とても喜ぶと語っているように、他者がただ動くだけでも、その近くにいるとネットが揺れて体がそれを感じ取る。
自分のコントロールを超えて、他者の運動に身体が乗っ取られるような感覚に陥る。それがなんとも楽しく心地いい。言い換えれば、それは自ら遊ぶのと同時に他者の存在を身体全体で感じているのだ。

先生と子供の関わり

これまでの語りからも明らかになったように、子供にとって先生の存在は、遊びを深めるうえできわめて重要である。アクターとしての先生の関わりは、おそらく私たちが日常の公園で子供を遊ばせるときのヒントを与えてくれるだろう。次に園庭の空間構造や遊具の設計が、いかに先生と子供の関わりを生み出しているのかを見ていきたい。

――子供たちの遊びにどのように関わっていますか?

先生C:私は一緒に遊ぶタイプです。ここはそういう先生が多いんじゃないですかね。ずっと外から見てるっていうよりは一緒に登ったり、一緒に滑ったりとかですね。あと、この園庭の遊具みたいに隠れられる空間がたくさんあると、やっぱり外から見てるだけじゃ、なかで何してるかわかんなくなっちゃうので。もしトラブルとか怪我とか起こってるとわからないってのもあるので、先生たちも一緒になって遊んでることが多いですかね。

先生Ｂ：広いので職員も思いっきり駆け登ったりとか、走ったりとか、滑ったりとかしても、なんか全然危険じゃないかなって。

——じゃあ、わりと一緒に遊具に駆けあがっていくことはよくある感じですかね。

先生Ｂ：鬼ごっことかの延長線でも、もうその遊具を使ってするときもあるので。隠れんぼで使ったりとかもしますしね。穴のなかの緑のとこに隠れたりとか。

——先生がそういった隠れんぼなどに参加してくれると喜びますよね。

先生Ｂ：子供たちは、とても喜びますね。

幼稚園や保育園の園庭での遊びは、当然ながら子供たちだけで成立するものではない。そこには必ず「先生」が関わっている。保育教諭がどのように子供たちと関わり、園庭の遊びにいかなるまなざしを注いでいるかを語りから確認したが、ここでは実際に私が観察した様子と照らしあわせてみたい。

まずは子供たちが主体的に遊ぶ様子を周囲で見守り、サポートが必要な場合には手を貸す。小さいクラスの子供が丸太の遊具「ＹＯＳＡＫＵ」にまたがって遊んでいたとき、別の丸太に移動するのが難しいところで、先生は手を差し伸べて落ちないように補助をする【図3-34】。大きな子供は吊り橋を大胆に揺らして楽しんでいるが、小さな子供はバランスを取るのが難しく、子供の反応を見ながら揺れ具合を先生が調節して楽しませていた【図3-35】。保育教諭は、ただの遊びの傍観者でも管理者でもなく、子供それぞれに応じたケアを日々実践しているのである。

子供は先生が一緒になって遊んでくれると、この上ない喜びを表す。鬼ごっこをしていると き、先生が大型遊具のネットを駆けあがって追いかけていった【図3-36】。すさまじい勢いで駆けあがってくる先生を見て、子供たちは悲鳴をあげ、興奮している様子であった。長いローラー滑り台でも先生と子供が列をなし、一緒に汽車のように滑ってくる【図3-37】。木製アスレチック遊具でも、先生が子供同様に一緒に遊んで過ごす【図3-38】。このことは現在の遊具の環境を考えると、きわめて重要だと思われる。

すでに前章で述べたように、現在の遊具の規定では、年齢別のラベルがいたるところに貼ってあることが多く、そのような遊び場では、大人は子供の遊びに交わることがほとんどできな

【図3-34】
先生はあくまでも落ちないように補助をするだけ

【図3-35】
子供たちの様子に合わせて丸太の揺れのバランスを調整する

【図3-36】
先生が勢いよく子供たちを追いかける

【図3-37】
子供とともに滑り台を滑る

【図3-38】
大人が子供と一緒に遊ぶ姿は遊具に年齢制限がある公園などでは見られない

い。それどころか兄弟姉妹さえも分断されてしまう。もちろん、厳密に守っていない人もいるが「この遊具は何歳までだから遊べない」という子供へのかけ声もしばしば聞く。

けれども、子供は大人が一緒に遊ぶと心から喜ぶ。親子の関係に限った話ではない。体の大きな大人が追いかけると子供にとってはよりスリリングにもなるし、一緒にいて安心することもあるだろう。ところが、現在の公園では大人は遊具の外で見守り役に徹し、子供は見守られる一方である。この二元論的な役割を解体し、大人も子供も一緒になって遊べる遊具が必要だと思う。

遊び手と遊具の関係

遊具が子供たちに与える意味は、必ずしも目的に応じた機能だけではない。たとえば公園のフィールドワークでしばしば感じるのは、天気や季節などの条件によって遊びの盛りあがりも異なるという点である。

真夏の滑り台が熱々になって嫌がるのを想像すればわかりやすいだろう。見た目は面白そうだが、実際に遊ぶと不快感を覚えたり、無意識に心地いい場所を求めたり、子供は身体で素直に反応して動く。最後にこの点に関連する語りをまとめておきたい。

――先生から見て、子供たちにとってのいい遊具ってどういうものだと思いますか?

先生C:やっぱり全身を使える遊具が楽しいと思います。手も使うし足も使うし、いろんなところを使う。あと考えていく遊具とか。最近、市立運動公園の遊具が新しくなって、私、あのなかに入って全部遊んだんですけど「ん?」って思う構造になってるんですよ。ちょっとした段差があったりしてつまずくんです。あと筒みたいになって縦の動線で移動する遊具があるんですけど、それにかかっている梯子が、すごく衝突するんですよね、上からの子と、下からの子と。もう全然遊びが進まなくって。そう考えると、ここの遊具はすごく考えられてるんだなって改めて実感しました。

――いい遊具とは安全で不快感がなく全身で遊べるものということでしょうか?

先生C:安全性の部分もそうだし。でも全部が全部安全だと、それはそれでたぶん面白くないと思うんですよ。結構揺れるとか、ちょっと高いところに登って落ちそうになる感覚だったりとか、子供たちにとってそういう感覚はすごく大事だと思うので。そういうのも兼ねそなえているのが、子供にとっての楽しい遊具だと思うので。親からすると「うわ、怖い」って思うような遊具が、たぶん子供たちって楽しいんで。達成感が味わえるというか、チャレンジできるものというか。

——やはりスリルとそれを乗り越える感覚が大事なんですね。

先生B：一番はやってみたい、してみたいというふうに心躍らされるというか、見た瞬間に行ってみたい、登ってみたいっていう遊具ですね。そこにやっぱり子供はワクワクする。ちょっと難しいところがあったりとかも大事だと思います。

——子供がワクワクする遊具ってどうすれば作れますかね。

先生A：私は形とかでもそう感じるなって思います。うんてい一つにしても、ちょっとこう波があって単純じゃないとか。波があることによって子供の好奇心が湧いてくるのかなって。色とかも、カラフルだと、色鬼とか、違う遊びにも発展していくんですよね。わりとここは緑とかが多いので。

先生B：たぶん、視界に入りやすいんです、子供からすると。視覚的にパッと目で見たところを選んで進んでいくんですね。

——ちなみにアート遊具の「プレイ　スカルプチュア」で遊んでいる子供もいるんでしょうか。

先生B：結構好きな子もいます。またがってずっと移動してます。立つ子もいますけど、座っている子のほうが多いかな。なんか温かさも感じてます、結構。太陽にあたるとすっごい温かくて、素材が鉄なので木より熱が伝わりやすいのか、春はみんなこう抱きついています。

——触り心地も子供にとってはかなり重要なんですね。

先生A：木製アスレチックとか私も好きで、木だけを使ったものってやっぱり温かみがあるので、素材も大事ですね、触った感じ。

先生B：組み立てブロックとかも、木のほうが好きかもしれません。実際、大人のように温かさを感じているかはわからないですけど、人気がありますね。やっぱり安心するんでしょうね、匂いとかも。

いつも子供たちを間近で見ている先生に共通して見出されるいい遊具の条件とは、見た瞬間に子供の好奇心を掻《か》き立てワクワクさせる形をしていること、スリルや達成感を味わえる揺れや怖さをもっていること、触って心地よく感じられる素材かどうかなどである。

こうした遊具の形や色が子供にアフォードする意味によって、遊び方はその都度変わっていく。そしてそのアフォーダンスは天候や気温といったその日の条件によっても当然異なるものとなるだろう。

視覚に加えて、触覚や嗅覚へ訴える素材の議論は興味深い。事実、冬に公園にフィールドワークに行ったとき、複合遊具で手すりが鉄の吊り橋を避けてロープの綱渡りのルートばかり行く子供に理由を聞いたところ、鉄は冷たいが縄は気持ちいいと答えた。

考えてみれば当たり前のことだが、子供は無意識的な感覚でこういう選択をしている。他にも、ある公園の吊り橋を好む子供に理由を尋ねたら「ジャンプするとカランカランと音が鳴るから楽しい」という。

子供たちは目と手足だけで遊んでいるのではない。耳も鼻も使って遊びを実践しているのである。「さみどり」の遊び場を分析してみると、緻密に考えられた園庭と園舎の設計や巨大な遊具、アート性の高い遊具など、子供の感性を最大限養えるような工夫が随所に見出される。

こうして子供と空間と遊具の関係を観察すれば、子供にとって利他的な遊具のありようが少しずつ見えてくる。私たちはさらに、まったく別の環境にある遊具について考えてみよう。

註

＊1　聞き取りに関しては、半構造化インタビューで実施した。主な質問項目は決まっているため、テーマごとに重要な語りを整理して記述している。

第四章　遊びを創り出す

――羽根木プレーパーク

1　自主運営の遊び場

冒険遊び場の誕生
——東京都世田谷区にある羽根木プレーパーク。

広い敷地をもつ羽根木公園の一画に、時代から取り残されたような遊び場のエリアがある。わが子が外で遊んでいないと感じていた大村虔一《けんいち》・璋子《しょうこ》夫妻が、子供の遊ぶ環境に疑問を抱いていた地域住民と一緒に遊び場作りを行うために「あそぼう会」を1975年に組織した。経堂《きょうどう》や桜ヶ丘での遊び場作りの運営を経て、1979年に国際児童年の記念事業として世田谷区でこの活動が採択され、羽根木プレーパークが開設されることになった。住民と行政の協働事業としてスタートを切ったのである。

翌年には子供の遊びをサポートする専任のプレーリーダー（「はねぎ」では「プレーワーカー」と呼んでいる）を得て、日本で初めての常設型プレーパークが誕生した。当然、市民と行政が関わって運営していくのだから簡単には進まない。児童課からは危険視され、継続的な予算の問題もあった。

公園課に協力的な係長がいたからプロジェクトを前に進められたということもあるが、木登りや焚き火《たび》など、一般の公園では禁じられていることを許容する方針は、批判を覚悟で運営しなければならない。活動を快く思っていない区民からの苦情も寄せられる。そんななか、長い年月をかけて住民主体による遊び場の運営が継続されてきたのである。

「はねぎ」に続いて、1982年に世田谷、1989年に駒沢、2003年に烏山《からすやま》と、地域住民の手によってプレーパークが開園した。これ自体、奇跡的なことであり、それぞれ抱えた問題を乗り越えてきた複雑な歴史があるだろう。だが、ここではその歴史に触れる余裕はないので、あくまでも現在の「はねぎ」という具体的な遊び場にしぼって議論を進めていく。

その前にこの遊び場が作られたときの理念を紹介しておきたい。大村夫妻が、ある1冊の本と出会ってヨーロッパの「冒険遊び場」を参考にしたことが「はねぎ」の誕生につながった。それが1968年にイギリスの造園家のアレン・オブ・ハートウッド卿《きょう》夫人が書いた『プランニング・フォー・プレー』という本である。大村夫妻はこれを『都市の遊び場』というタイトルで1973年に翻訳し、日本にさまざまなタイプの遊び場を紹介した。

世界中の遊び場の実例を写真とともに紹介した同書に「冒険遊び場」の章がある。デンマークの造園家だったカール・テオドール・ソーレンセンがコペンハーゲン郊外にエンドラップ廃材遊び場を創設した。

ソーレンセンは「子供はがらくた置場や建設用地でいたずらしたり、そこにある廃材を使って自分たちで遊びを発展させるほうが好きである」という事実に感銘を受けた。*1 そして1943年にノコギリや金槌《かなづち》、スコップなどの遊び道具と廃材をたくさん用意した遊び場を作り、これがその後、世界中に広がっていくことになる。

エンドラップ廃材遊び場は危険で満ちていた。ノコギリや金槌は一歩間違えば大怪我につながる。廃材も子供にとっては危険きわまりない。だが、幸運にも保育学校の熟練した教師で、もと船乗りのジョン・ベルテルセンという人物がリーダーとなって、子供の遊びを支えることになった。

危険と隣りあわせのこのタイプの遊び場には、プレーリーダーがセットとして考えられるようになり、「はねぎ」も同じく、大人がプレーワーカーとして遊び場に常駐できるシステムを導入した。ここでのプレーワーカーは、園の先生とはまた異なる立場で子供と関わる存在である。

プレーワーカーの存在

エンドラップ廃材遊び場では、安全への配慮から大人が配置されたが、彼はただ管理する人間として遊びに関わったのではない。ソーレンセンは、冒険遊び場では管理しすぎたり、装置を作りすぎたりしないように注意したほうがよく、子供はできるだけ自由にやるべきで、ある程度の管理や指導は必要だが、子供の生活や活動に干渉するときには細心の注意が必要だと強調した。

ハートウッド卿夫人は同書で「リーダーは、子供の自発的活動のための背景を準備し、リーダーとしてというよりは年うえの友だちやカウンセラーとして、先に立って行動できる分別のある人でなければならない[*2]」と記す。

力強く引っ張るリーダーではなく、子供の主体的な遊びの相談役のような立場で関わるのが理想的な冒険遊び場のリーダーだとされる。「はねぎ」でもプレーワーカーは必要以上に介入せず、一定の距離感をもって子供の遊びをサポートする役割を受け継いでいる。

常駐者の配置は当初難航したようだが、区と相談して署名集めなどの運動があり、１９８１年に専門職として雇用してもらうかたちで働くことが決まった。雇用をめぐるさまざまな問題はあるにせよ、こうした方針は一貫して継続され、現在も職業プレーワーカーが常駐する稀有な遊び場となっている。

実際の遊び場では、数人のプレーワーカーだけで子供の活動を見守るというより、地域住民の世話人がボランティアで運営しているため、顔見知りの住民たちがたくさん現場にいる。行政は基本的に場と資金の工面をし、運営自体は世話人とプレーワーカーが中心となっているのが現状だ。

その活動は子育て支援から遊びの出前まで多岐にわたっていて、すべてを紹介することはできない。ただ、この自主的な組織運営のあり方は非常に面白く、利他的な遊び場のヒントにつながると思われるため、やや遠回りになるが、この組織の理念から紹介したい。

住民活動の組織運営

住民団体を自主的に運営することは簡単なことではないが、ここの運営母体である「NPO法人プレーパークせたがや」は複数のプレーパーク事業の運営を世田谷区から直接委託され、運営を続けてきた。40年を超える組織運営に携わってきた市民自らが著した冊子が発行されているので、それを参照しながらこの組織の独特な運営を見ていきたい。[*3]
地域住民のボランティアである「世話人」と、有給スタッフである「プレーワーカー」とが

「世話人会」という会議を定期的に実施している。これが私語・脱線ありの「ゆるふわ会議」だという。その理由は「楽しい」からで、ボランティアからなる住民団体は楽しんで活動できなければモチベーションが続かない。

おやつを食べながらお茶を飲み、おしゃべりに花を咲かせつつ話しあいをすると「いい意見がたくさん出る」のだという。会議の特徴としてあげられているのは「聴く姿勢」だ。それはいろいろな人がいられる場にしようと意識しているからである。

この会議では多数決をなるべく取らない。反対意見や少数意見を排除する仕組みを避けたいというのがその理由だ。意見が真っ二つにわかれたときも、多数決で決めるくらいなら結論を先延ばしにして、時間をかけて新たな知恵が出るまで、あるいはメンバー全体の心境がどちらかに傾くまで待つ。

一つの看板の文言を変えるために1年がかりで話しあって、結局変えないという選択をしたこともあるという。非効率的に見えるが、話しあいを重ねている間に、メンバーは団体の理念や未来について、考えを深めあうことができるのである。

他にも面白い取り決めがある。会議は時間通りに始まらない。遅刻もOKだというのである。メンバーの多くは、小さな子供をもつ母親であることが多く、時間通りには行動できない。子供がのびのび遊べる場所を作ろうとする団体が、子供を急かして時間通りに集まろうとするのは本末転倒だというのだ。

これは12年ほど保育園の送り迎えをした私も、実感としてよくわかる。特に朝、子供を保育園に送る準備をしていても、何かしらトラブルが起こって遅れることはよくある。時間を厳密に守らなければならないストレスから解放されることは、子供の心にも親の心にも優しい。「はねぎ」では遅刻御法度というビジネス社会のルールを住民活動にもち込まないことが重視される。それは人間を「人材」と見るか、「人財」と見るかの違いだという。ビジネス社会では組織の歯車となって効率よく働く「材料」でなければならない。一方、住民団体はボランティアで、金銭的見返りもなく街や子供のために活動しようとする人間は「財（たから）」であるというのが、この団体の認識なのである。

こうして見てみると運営組織が、通常とはかなり異なる論理で動いていることがわかるだろう。私語・雑談のゆるい長時間のおしゃべり、聴くモードになって話せる環境作り、多数決を避けた話しあい、遅刻ＯＫの会議など、ユニークな取り決めで運営されているのだ。

2　居場所でも遊び場でもあること

遊びは「自己責任」

「はねぎ」には、1980年に立てられた大きな看板があり、手書きの文字で「自分の責任で自由に遊ぶ」というモットーが書かれている。文言は当時のまま変わっていない。ここにはプレーパークの遊びの理念が十全に記されているので全文を引用したい【図4-1】。

プレーパークは、公園での自由な遊びをめざして、区と地域の人たちと、プレーワーカーとの協力で運営されています。

ここの遊具は、区役所が作ったものではありません。子どもの欲求に応じて、プレーワーカーとボランティアを中心とする人たちの手で作られていますので、安全点検には、みんなの協力が必要です。気が付いたことは、プレーワーカーに知らせてください。

子どもが公園で自由に遊ぶためには、「事故は自分の責任」という考えが根本です。そうしないと、禁止事項ばかりが多くなり、楽しい遊びができません。

このプレーパークのモットーは「自分の責任で自由に遊ぶ」ことです。みんなの協力で楽

【図4-1】羽根木プレーパークの理念「自分の責任で自由に遊ぶ」

しい遊び場をつくりましょう。

第二章で、２０００年代に危険と目される遊具が次々と撤去され、リスクを避けるために禁止事項や年齢制限など子供の自由な遊びが抑制されていったことを確認した。プレーパークは時代の流れに逆行し、子供の遊びを禁じて安全性を担保するのではなく、自身の責任のもとで自由を与える。

興味深いことに、この看板のメッセージからは１９８０年代でも、当時、禁止事項の多さを問題視し、子供の自由な遊びを守ろうとしていた意識が窺《うかが》える。

この看板が書かれたのには経緯があった。子供たちの大胆な遊びを危険視した人びとから区にクレームがきて、公園課のなかで継続を危ぶむ意見が強くなったのだ。けれども運営者側としては、禁止事項を書いた立て札を立てたくない。まずこの活動自体、地域住民の有志でやっているため、公園課ではなく、意見を運営主体に寄せてほしかった。

さらに責任転嫁の社会の風潮を食い止めることも目的の一つだったという。事実、公園の利用時間の制限や危険性の排除は、責任を負いたくない自治体や遊具メーカーの思惑と密接に関わっている。

利用者が怪我などの責任を自治体に追及しはじめると、必ず子供の遊びを規制する流れになってしまう。だからここでの看板は、子供ではなく大人に向けて書かれているのだ（そのため漢字が多用されルビはふられていない）。

この看板は、子供の自由な遊びを取り戻すために、「安全か危険かは自分自身で確かめて遊ぶこと」というメッセージを発している。このあとも何度か触れることになるが、危険性を遠ざければ遠ざけるほど、子供は危険なことを体験せず、乗り越える精神も方法も身につかない。危険でない遊具ばかりになると、子供は神経を研ぎ澄ませることなく遊具に体を預けて頼りきってしまう。

初代プレーリーダーで「はねぎ」の運営に長く携わっていた天野秀昭は、「危険」には予見可能な「リスク」と、予見不可能な「ハザード」があり、遊び場では「ハザード」はないほうがいいが「リスク」は取り除いてはならないという考えをもつ。「予見可能ということは、すなわち学習可能ということで、だから子どもは自ら注意力を高めていくことができる」[*4]のだ。

遊びにおいて危険性とどう向きあっていくか。子供が経験しないよう遠ざけるのか、あるいは日常的に体験させるのか。これは本書に通底する重要な問いである。

リーダーハウスという空間

「はねぎ」を訪れると、まず目に入ってくるのは入口にある建物だろう。「リーダーハウス」と呼ばれるこの建物にも歴史的変遷がある。最初に作られたのは1982年のこと。初代リーダーハウスは「リーダー小屋」と呼ばれ、実行委員（現：世話人会）の手によって設計・施工された。そして通りがかりの人びとの知恵や力によって完成したという。

ところが、話しあいの場として活用されたこの場所に、子供たちが登って遊ぶようになった。登ることを意識して作ったわけではなかったが、建ててみると子供たちは次々に登って遊びはじめたのである。だから2代目リーダーハウスとして建てられたログハウスは、屋根の上に子供が登ることを織り込み済みで作られた。すなわち「大型遊具」として建設されたのだ。

初代リーダー小屋の土台や柱の傷みが激しくなり、1987年に「新リーダーハウス建替え」が事業計画になった。丸太でログハウスを作ることを決め、助っ人を集めて丸太運びをやり、設計図コンペを実施、数年がかりで完成までこぎつけた。この2代目のロフトつきログハウスは、1991年に200人を超える地域住民が参加して作りあげたもので、「リーダーハウス」と称され、「はねぎ」のシンボルになった。

ログハウスは建設途中も「大型遊具」として活躍したと記録されている。「リーダー小屋」の解体も実施した。作るのも壊すのも自分たちの手でやるのが基本である。

リーダーハウスは事務所という枠を超えて、子供たちにとっては屋根に登ったり、飛び降りたり、壁をつたったりする最大の冒険遊具として愛されたという。当初は事務所であったログハウスさえも、子供はその場を乗っ取り、転覆的に遊び道具に変えてしまう。

それはこの建物が、厳密な機能を押しつけるのではなく、「余白」をもっていたからだろう。もちろん、この場所は憩いの空間であり、地域の人との交流拠点でもあった。雨の日の放課後の溜《た》まり場にもなり、音楽を楽しむ人たちの楽器倉庫にもなった。

ホームでもあり、オフィスでもあり、もの置き場でもあり、溜まり場でもあり、大型遊具にもなる空間――。使用目的を利用者に押しつけるのではなく、それぞれにとっての大事な空間に変容する場所が、このリーダーハウスだった。

長年愛されたこの場所も、傾きや腐食が確認され、2017年に「みんなのリーダーハウスプロジェクト」が発足し、2022年に新リーダーハウスとして生まれ変わった。「まちづくりファンド」に挑戦して助成を獲得、クラウドファンディングで目標金額を大きく上回る支援を得て「事務所」として建設されたのである。

この建て替えプロジェクトに際して、デザイン案を公募した。屋根に登って遊びたいといった声や、遊具としての機能の充実を求める声があがった。2代目のログハウスがいかに「遊具」として親しまれてきたかを物語っている。他にも屋根でくつろぎたいという声や自由に屋根に上り下りしたいという声が集まった。

2代目リーダーハウスのときとは異なり、新リーダーハウスは世田谷区が管理する公共施設となったが、初代プレーリーダーの天野は、「プレーパークは子どもの動きを止めない場所です」と区長や担当者たちの前ではっきりと述べたという。*5

子供が登りたいと思った気持ちを抑えつけない、登りはじめた子供を制することはしない、という想いをぶつけたのである。現在でもこの「事務所」は、子供たちに前リーダーハウスを引き継ぐ「遊具」としても利用され続けている。

利他的な居場所

手作りの2代目リーダーハウスが、約30年の間にいかに利他的な空間として存在したのか。建て替えの際に編まれた『羽根木プレーパーク 大型遊具リーダーハウス30年誌』（以下、『30年誌』）を手がかりとして、この場所が人びとのなかで、いかなる「遊具」として用いられ、どのような場所として記憶されているのかを浮かびあがらせたい。

子供たちは2代目リーダーハウスから無限の遊びを生み出してきた。その様子が写真つきでたくさん紹介されている。建設中からすでに3ｍの「屋根飛び」が流行し、丸太の骨組みは巨大な「ジャングルジム」として遊ばれた。

ブルーシートがかけられた屋根の上は、命綱をつけてスケボーで滑るというスリル満点の遊び場となった。建設中のログハウスに板を渡してよじ登ったり降りたりする遊びも生まれた。梅雨にはブルーシートから一気に水を放つ滝行、秋には屋根からの落ち葉ふらし、夏には屋根からのロング流しそうめん、子供だけの秘密基地としても活躍した。

屋根の上での昼寝、ブルーシートの屋根の綱渡り、屋根にかけられた竹の滑り台、屋根をコートにしたボール遊び、大人が思いもつかない遊びを子供は次々に生み出していったという。

共通して見出されるのは、スリルが感じられる「高さ」と、屋根という特別な「空間」を使った遊びだ。そしてこうした場所はつねに危険や不安と隣りあわせである。

危険を遠ざけて安全ばかりを志向する昨今の遊具とは真逆だといえるだろう。子供たちはつねに周囲に意識を研ぎ澄ませて、身体能力をフル活用しなければならない。そうして高いハードルを乗り越えられた喜びを味わうのである。

このときモノは子供に対して創造性を引き出す利他的な存在として立ち現れ、逆に人間はモノに対してそのポテンシャルを最大限引き出す利他的な存在としてそこにいる。はじめから利他的な存在や空間があるのではない。お互いが関係を取り結ぶプロセスのなかで、潜在能力を引き出し、お互いがお互いを利他的な存在に仕立てあげるのである。

『30年誌』には、かつて子供時代に「はねぎ」で遊んでいた人びとが集って開催された座談会が収録されている。そこで家や学校に馴染めない子供にとって、リーダーハウスがいかに特別な居場所だったかが語られている。

夜、リーダーハウスの屋根の上で泊まったことや、楽器を演奏するために使っていたこと、屋根の上組と下組にわかれて水のかけあいをやったこと、屋根の上で「恋バナ」をしていた思い出などが想起されていることからも、やはり高い屋根の空間がいかに大事な場所だったかが

【図4-2】リーダーハウスは羽根木プレーパークでもっとも重要な場所

窺い知れる。

参加者の一人は、なぜみんなリーダーハウスに行って帰れなくなるのかを考えると「自分がいない時に面白いことが起こるのが嫌」だったと興味深い回答をしている。次の日、みんながゲラゲラ笑って話している話題についていけなくなるので、流行に乗り遅れないようにズルズル集まっていたというのだ。

あらかじめ目的があって遊ぶのではない。そこには何が起こるかわからないワクワク感があり、新しい遊びが生まれる楽しみがあったのだろう。当時のプレーワーカーは「前のリーダーハウスでは何してもいいみたいな雰囲気がリーダーハウス自体から醸し出されてたね」と述べている。

空間や構造だけでなく、遊具としての佇まいもまた、子供の遊びに大きな影響を与えているといえよう【図4-2】。

当時の遊びを体験した参加者たちからは、現在から見ると、それがいかに「規格外」だったかが語られている。そのなかの一人が「コンプライアンス」という言葉が使われるようになって遊びのかたちが変わってきたと述べている。彼は大人しい遊びを強要される現代において、子供の遊び場が「本来あるべき姿」になってきているのではないかと話すと、現在もプレーワーカーとして複数の現場に関わっている別の参加者が次のように返した。

「本来の姿」っていうのは俺はちょっと引っかかっていて。大人の目がめちゃめちゃ多いとか、防犯カメラとか、管理されてるとか、子どもは「これ見られてる」って感じてる気がしてるのよね。そうしてると、目がないところに行くの。砧だと公園の脇に崖があるんだけど、崖の土に横穴掘って、「自分で電動工具買ったんだ」って言って、斜面にブランコ作ってたり。今、子ども自身はあんまり変わってないなって実感してる。

子供が本能的にもっている、スリルを体感できる遊びへの意志を封じ込めているのは、管理社会のほうであり、子供そのものはそれほど変わっていないというのである。これは次章で紹介する「森のようちえん」の子供の観察からも同意できる。

とにかく現代社会に生きる大人は、何かトラブルになることを恐れすぎていると思う。だからリスクを負うことを嫌がり、先回りしてなるべく危険を回避しようと動く。そうした社会の風潮が、子供のポテンシャルを抑え込んでいるのだ。また、別の参加者は、遊びの危険性について次のように話す。

みんな骨とか普通に折ってたよね。しょっちゅう釘《くぎ》踏み抜いたりね。今のPP〔プレーパーク〕以外の公園で遊んでる子は危険なことがわかんないと思う。危ないものは置かないから滑り台とかブランコしかない。子どものうちに高いところから落ちたら骨折るんだ、とか体が軽いうちに勉強しとかないと、大人になってから危ないんじゃないかと思う。

命に関わるハザードは取り除かなければならない。だが、多くのリスクを先回りして遠ざけてしまうと、本当に危険な状況になって自分で克服しなければならないとき、はたして子供は自らの身体を守ることができるだろうか。

身体を通じて経験的に痛みや怖さを味わうことなく、突如そうした状態になってしまったら、どうやって乗り越えられるのだろうか。こうした問題意識をもって、遊びの危険性との向きあい方を考えていきたい。

3　大型ＤＩＹ遊具

遊具制作

２代目リーダーハウスを自ら作った精神は、他の遊具作りにも受け継がれている。一般的な公園と比べて「はねぎ」が独創的なのは、ここにある遊具が基本的に手作りであり、利用者が制作のプロセスに携わっている点だろう。

看板（前掲【図４-１】）にもここの遊具は区が作ったものではなく、プレーワーカーとボランティアを中心とする人たちによって作られていると記されている。すなわち遊具メーカーが行政から委託されて設置する通常の遊具と違って、メンバー自らが作る「ＤＩＹ遊具」なのだ。

まず「はねぎ」の遊び場の空間を粗描しておく。羽根木公園の一画にあるプレーパークの入口のすぐ左側に新リーダーハウスがある【図4-3】。公募で「羽根木プレーハウス」と名づけられた。外壁に前のリーダーハウスで使っていた看板などを取りつけ、子供たちのアイデアから新しくウッドデッキとボルダリングウォールを作った【図4-4】。表向きは「事務所」だが、身体能力の高い子供は壁を蹴りあがって屋根をつかんで上まで登ってしまう。

【図4-3】2022年に生まれ変わった新リーダーハウス

【図4-4】子供たちの声を集めて生まれたウッドデッキとボルダリングウォール

「事務所」として建て替えられても、子供たちにとっては挑戦的な「大型遊具」として立ち現れる。工務店の指導のもとワークショップが開催され、ウッドデッキの設置には子供たちも参加し、電動工具でネジ止めなどに挑戦した。ここではとにかく自分たちで作れるものはなるべく自分たちの手でやるという精神が強い。完成したモノで遊ぶのではなく、自分たちが使うモノの制作プロセスに参与するのだ。

羽根木プレーハウスのさらに左奥に進むと、廃材置き場・資材置き場があり、道具置き場にある工具を使って工作場で自由に物作りができる。コペンハーゲンのエンドラップ廃材遊び場を引き継ぐ空間だといえよう。

入口を通過して右手には親が自分たちで運営する「自主ようちえんひろば」の交流拠点でもある「そらまめハウス」が建っている。「ひろば」は「はねぎ」を拠点として、小学校に上がるまでの間、園舎をもたず、カリキュラムもなく、先生もいない自然のなかで親たちが保育にあたる。

「はねぎ」は入口から奥に向かって下り坂で、一面が斜面となっている。ちょうど真ん中あたりにシンボリックな遊具「大《だい》すべり台」がある。2016年に作られ、2023年に建て替えが計画されて、2024年に「シン・大すべり台」が完成した。このプロセスに関しては後述するが、本書では、遊具のフィールドワークを実施した以前の「大すべり台」での遊びの観察が中心となる。その前に周囲にある遊具について説明しておこう。

ウォータースライダー

「大すべり台」の隣には、大きな木で作られた「ウォータースライダー」がある【図4-5】。

【図4-5】夏になると滑り台がウォータースライダーに

季節限定の遊具で、普段は滑り台として利用されている。何度か訪れたなかで、ウォータースライダーとして子供に遊ばれていた夏の調査を紹介したい。この遊具に子供たちが夢中になって何度も遊ぶ姿が観測された。下には板で囲われた水を溜めるスペースがある。上は木にホースをくくりつけ、先端にスプリンクラーが取りつけられていて、そこから水が噴出するような仕組みになっている。

ブルーシートがかけられているものの、木で作られているため、落下して体を打つとかなり痛い。にもかかわらず、子供たちは連日、何度も通ってこのウォータースライダーで遊びまくる。なぜそれほどこの遊具は子供を夢中にさせるのか。

もちろん小さい子供も遊んでいるが、特に熱狂して繰り返し遊んでいたのは男女問わず小学生で、主に中学年から高学年の児童たちであった。ありあまるエネルギーを全身からすべて放出させるかのように、飽きもせず幾度となく遊びに興じる子供たち。その理由の一つは、おそらくこの形状にあるだろう。プールにある普通のウォータースライダーを想像すると理解しやすいかもしれない。

ウォータースライダーは筒状などの水の流れる滑走路を滑り降りるスリリングな遊びである。コースがくねくねと蛇行していたり、傾斜が急だったりすればするほどスリルが味わえて楽しい。だが、滑走路が直線で予想通りの落ち方しかしないウォータースライダーはつまらないだろう。小さい頃、よりスリリングにするために、頭から滑って怒られた人もいるのではないだろうか。あるいは水に飛び込む瞬間に激しい落ち方や楽しい落ち方を工夫した経験があるかもしれない。

一般的なウォータースライダーは、滑走路が身体をある程度固定する。だが、「はねぎ」のウォータースライダーは構造的に全身が解放され、どのような落ち方をしてもいい。事実、何度も夢中で楽しんでいる子供の滑り方をしばらく観察していると、毎回さまざまな落下の方法を試していることがわかる。

普通に座って滑る子供のほうが少ないくらいで、うつ伏せや仰向《あおむ》けになって頭から滑る、横向きや斜めになって滑る、転がりながら滑る、途中でジャンプして飛び込む、下から駆けあがって滑り落ちる、他にも勢いをつけて水飛沫《みずしぶき》の上がり具合を競う、二人が抱きつきながら滑るといった遊び方も見られた。

こうした動きは通常のウォータースライダーでは生まれない。たとえそうした動きが可能な構造だとしても、周囲の目や管理者が許してくれない。実際、公園の滑り台で危険な滑り方を試すと周囲の子供や親の目が気になってしまう。下から駆けあがると嫌がられる。だから子供の遊びは抑制される。

だが、「はねぎ」の遊具は、全身を使った多様なアクションを生み出し、危険なことに挑戦したい気持ちを受け止めてくれる存在として子供と関係を取り結ぶ。子供の身体は管理されるより、危ないスリルと挑戦を求めている。だから画一的な滑り方をせず、創造的な実験を繰り返すのである。何よりも危険な遊びができる雰囲気が築かれていることが大きい。

川遊びと穴掘り

この他にも、高い木に長いロープを吊るし、梯子からジャンプするターザンロープ【図4-

6】、２本の樹木にロープを結びつけて作られたハイジブランコ【図4-7】、夏場にはブルーシートを敷いた簡易的なプールも設置され、時代を超えて幅広い世代に親しまれてきた。幼児が遊べるような手作り遊具としてミニブランコとミニ滑り台もある【図4-8】。これ以外の遊びのスポットとして、川遊びと穴掘りは興味深い。

川遊びはスコップを使って子供たちが水路を掘り続けているスペース【図4-9】。子供は水を流す遊びが特に大好きで、通路の形を変えたり、モノで流れを堰《せ》き止めたりして遊ぶ。飽きずにずっと掘って流れを確かめ、道筋に変化をつける。水路に嵌《は》まったり、盛りあがったところをジャンプして遊ぶこともできる。そしてこの地面の土の形も、流れる水も、決して同じ形や動きにはならない。当然、子供の動きも変化に富み、多様な遊びが展開していく。土や水といった自然は直線・反復・秩序を拒む。すなわち、曲線・一回性・不規則性を担う。だから子供は飽きずにずっと遊び続けるのである。穴掘りも似たようなところがある【図4-10】。同じ形は二度と作れない。どこを掘ってもいい。自由に力一杯体を使える。

初代プレーリーダーの天野は、１９８０年に常駐しはじめたときのエピソードを紹介している。[*6] 遊び道具のシャベルやつるはしを出しているのに誰一人として穴掘りをしない。だから彼は穴を一つ掘ってみた。すると学校帰りの小学1年生が何をしているのか尋ねたという。彼は、

【図4-6】
高い木に吊るされたターザンロープは梯子から飛んで遊ぶ

【図4-7】
木に取りつけられたハイジブランコ

【図4-8】
幼児も遊べる手作りのミニブランコとミニ滑り台

【図4-9】
子供たちがスコップで作った水路があちこちにある

【図4-10】
いたるところに穴掘りの跡が残されている

穴を掘っている、と答える。なぜ掘っているのか尋ねる子供に、掘りたいから掘っている、と答えると「公園に穴掘っちゃいけないって、知ってますか?」といってきたというのだ。

この言葉は天野に衝撃を与えた。よいか悪いかという大人の規範意識が、やりたいかどうかの気持ちを抑えつけているのである。そう直感した彼は、その縛りを解くのも大人でなければならないと決意したという。

「はねぎ」には誰かが掘った穴がいくつも空いている。シャベルもそのまま置かれている。ウォータースライダーの遊びと同じく、周囲の目を気にすることなく、思い切り穴を掘っていいと思える。好き放題掘り起こされた土、そこらじゅうに空いた穴、放置されたシャベル、こうしたアクターのアフォーダンスが、子供を自然と穴掘りという遊びに駆り立てるのである。

「大すべり台」の構造

中央に配置された「大すべり台」は、「はねぎ」のシンボルであり、一般的な公園には見られない遊具だ。まず構造からして異質である。

滑り台を支える木の骨組みの上に巨大な板が取りつけられ、高さは2・5m以上あるため、上に登るとかなり高い【図4-11】。隣にも下の年齢の子供たちが遊べる、高さが違う滑り台が設置されている【図4-12】。正面に大きな滑り台があって、その反対側に回ると、むき出しの骨組みが見える【図4-13】。このなかも子供にとって重要な遊びの空間である。

公園の一般的な滑り台と決定的に異なるのは、階段と手すりがない点だ（この点に関しては、あとで世話人代表のインタビューとともに検討していく）。まずはこの遊具で、どのような遊びが生まれているのかを見ていこう。

通常の滑り台なら階段を登っていって滑り降りるというシンプルな動きになる。けれども、この「大すべり台」は、頂上に行くためにまず駆けあがる力が必要とされる【図4-14】。いろいろな公園で遊具のフィールドワークをしていると、あることに気づく。それは子供たちが滑り台を駆けあがりたいという遊びの欲望である。

だが、一人用の滑り台は、階段を登って降りるという順路があり、駆けあがると嫌がられてしまう。また、上で順番待ちをしていると迷惑行為になる。幅が広い滑り台なら多少は余裕があるが、やはり人によって危険視したり、下から登らないよう注意したりするだろう。

けれども「はねぎ」の遊具は、そもそも駆けあがらなければ始まらない。もちろん、骨組みの部分をよじ登ってもいい。あまりにも危険な行為をしていたらプレーワーカーなり周囲の大人が声をかけるだろうが、基本的にここでは誰がどういう遊び方をしようと子供の自由である。

だから年齢に応じて小さい滑り台と大きい滑り台を、懸命に駆け登っていく。かなり高いので簡単ではないが、何度も挑戦して、登れるようになったときの喜びは大きい。

遊んでいる子供に尋ねたところ、この土地が下り坂になっていることも遊びにとってプラスに働いているようだ。大きな滑り台の斜面に向かいながら、坂を走って勢いをつけてから駆けあがることができることがとても楽しいらしい。

走りはじめる位置、走るスピード、登るコースや方法を考え、少しでも上に行けるように工夫する。挑戦を繰り返して達成感を味わう。斜面は広い空間になっていて、人とぶつかりそうになったり、転げ落ちそうになったり、つねにスリルが感じられる。

この空間では子供の遊びを規定する順路もない。滑り降りる以外にも、駆けあがる、駆け降りる、転がり落ちる、途中で止まる、途中でジャンプする、斜めに降りる、斜めに登るといった予測不可能でランダムな動きがふんだんに見られる。

これが子供にとって遊びを楽しくしているのだろう。また、遊びは移動にとどまらない。上から木の棒や石を転がし、それをキャッチする【図4-15】。足を引っ張り引《ひ》き摺《ず》り下ろす。斜面を横につたって歩く子供も見られた。

なかの骨組みを登ったスペースでくつろいでいる子供もいる。この隠れ家のような空間でカ

【図4-11】巨大な板で作られた「大すべり台」

【図4-14】滑り台を何度も駆けあがろうとする子供たち

【図4-12】隣にはやや小ぶりな滑り台が設置されている

【図4-15】滑り台の上から落ちてくるものをキャッチする遊び

【図4-13】むき出しの骨組みがある滑り台には手すりがない

ードゲームに興じる子供もいる。滑り台の上にただ座ってくつろいでいる子供もいる。リーダーハウスと同じく、高低差のある上下の空間と斜面が遊びを面白くしているのである。そして何より、ここにはそういった好きな遊びや時間の使い方が許される環境がある。

4　世話人のまなざし

親の存在

「はねぎ」ではプレーパークの運営をしている世話人代表の荒木直子さんに聞き取り調査をした。インタビュー実施日は2023年7月7日。石川県出身で、子供の頃は野に放たれていたような感じで自由に遊んでいたという。大学に進学する際に上京し、アニメーション業界で仕事をしていたが、子供が生まれると両立するのが不可能だと諦めて、2011年頃にプレーパークで子育てをしようと決意した。

――羽根木プレーパークの特色を教えてください。

荒木：自分たちで作るっていうコンセプトですね。行政じゃなくって地域の保護者さんたちがもっと面白い遊び場ほしいよねってスタートしたのが最初なので、始まりからＤＩＹな感じなんですよね。

――通いはじめたのは震災が起こった２０１１年なんですよね？

荒木：もともとは震災前からプレーパークのことは人から聞いて知ってたんですよ。でも思い出して通いはじめたのが震災の年。世田谷で子育てしてて、公園とか連れていったりしてたんですね。でも、うまくいかない。遊具で相手の出方を見て、子供をこんなにいちいち止めなきゃいけないのかってモヤモヤが……。結構これしんどいなぁと思って。児童館とかも行ってみたんですけど、子供のやり取りを親が止めなきゃいけないみたいな緊張感があって。本当に仲良くなってるご家庭だったら平気なんでしょうけども、私そういう関係をいまいち築けなかったんですよね。

――石川県で育ってきた環境も関係あるのでしょうか？

荒木：自分が小さい頃どういう環境で育ってきたかなって考えたときに、結構放っておかれてたから、自分でやるじゃないですか、子供自身が。遊びってそういうことじゃなかったっけって、ちょっと思ったんです。

幼少期に放任されて遊んでいた荒木さんは、子供同士の遊びに、周囲の目を気にして親が介入しなければならない環境につらさを感じてしまい、子供が主体的に遊べないことに疑問を抱くようになった。

――親が介入しなければならなくなる理由とは何なのでしょうね。

荒木：みんな本当にトラブルを恐れてるんですよね。しかもバッチリ子供に張りつける環境になっちゃってるから、この辺にお母さんがいて、こっちもいて。ちょっと変な喩《たと》えですけど、ポケモンみたいな。子供がポケモンで、コントロールしないと親がドキドキしちゃうみたいな（笑）。

でも子供ってスコップあったらほしいし、それ取りあうじゃないですか。片方が叩いたりして喧嘩になって、でもそのうちまた一緒に遊び出したりとか。その子たち同士の揉みあいとか、ぶつかりあいがあって然《しか》るべきなんじゃないのと。でも、それを親が怖がってるし、トラブルになることを恐れてるから。私もまさにそうだったし。相手が誰だかわかんないからね。

——僕も子供が三人いて実感するんですが、子供同士のやり取りが始まる前に親が介入して未然に防ごうとすることが多くなりましたよね。昔はそんなことされなかった。

荒木：そう、それが一番大きい苦しみだと思います、お互いにとって。親もそうだし、子供にとっても一番おいしいところを奪われちゃうというか。親も本当はしんどいじゃないですか。でも、そうしなきゃいけないんじゃないかって思わされてる。子供にとって一番感情がむき出しで、一番大事な時期ですよ。でも、それを大人がささっと綺麗《きれい》に整えちゃうから、本当に自分が何をやりたかったのかがわからなくなっちゃうじゃんと思って。それでもっと楽な場所を求めて、たまたまここに来てみたら、めっちゃ面白いじゃんってなって。それがプレーパークに来るきっかけでした。

かつての子供たちはよく喧嘩をしていた。そこは子供たちだけの世界であり、自分たちで解決するしかなかった。だが、いまは親が子供に連帯して被害／加害、善／悪の枠組みでしか考えられなくなった。大人が揉め事を未然に防ぎ、トラブルを避けるため、子供同士の世界を断ち切るようになったのだ。

荒木さんはそんな「しんどい」状況のなかで出会った羽根木プレーパークに、まずは自主保育で活動に関わるようになり、後に世話人になって現在は世話人代表を務めている。最初に娘を「はねぎ」に連れてきたとき、わかりやすい遊具がないので、どうやって遊べばいいか戸惑っていたという。

だが、日々通って親同士が関係性を築けていくと、次第に場所に馴染んで、遊べるようになっていった。水でびしょ濡《ぬ》れになったり、泥だらけになったりするのを、止めることなく笑って見ていられる環境になって、いやすくなったという。

――子供を止めなくていいという状況って、何がそうさせているんですかね。

荒木：子供の親たちがそういう態度でいてくれるからかな。たとえば、取りあいが始まったとしても、見ててくれたりとか。「あ、始まったね」っていって。まあ、棒とかもち出したら声かけするんだけど、基本はその子たちに任せるっていう共通意識をもってるお母さんたちがいるから楽だったんだと思いますよ。

――たしかにここは、大人の子供への距離感が違っていて近すぎないように感じます。

荒木：そうですね。やっぱりそこにいる大人の態度によって、子供の遊び方ってまったく変わっちゃうから。私たちが幼かった頃、私たちが遊び場にしてた場所っていうのは、大人がそもそもそこに存在しなかった。大人に監視されて遊ぶなんてことはなかったわけです。でも、いまは全然違っていて、プレーパークみたいな子供を放っておける場所って世間と乖離《かいり》してるんですよ。

ここで重要なのは、遊びが遊具と子供だけで完結するものではないということである。想像以上に、親の存在が子供の遊びの広がりや挑戦する意志に作用しているのがわかる。周囲の大人とどのような関係をもって、あるいは子供とどのような距離感で遊び場に入るのか。ただ周囲で見守るまなざしですら、子供の遊びに影響を及ぼすだろう。子供の遊びの環境作りに親の存在がアクターとして関わる力の強さが理解できる。

アクターとしての地形

遊びの環境は、親など人間の存在だけで形成されるわけではない。気温や天気といった要素も大きく遊びに作用する。「はねぎ」の環境として特徴的なのは、遊び場自体が坂で勾配があることや、木がたくさん植えられていることだろう。

――子供の遊びにとって、この場所が坂になっていることをどう捉えていますか？

荒木：坂の途中にあるのってうちだけなんですよ。他のプレーパークって平地にあるから。行ってみると感覚が全然違うと思うんですけど、やっぱりやる遊びも変わってきますよね。平地にある烏山なんかは、サッカーしたりとか平地を大きく使う遊びが多くなるんですけど、羽根木はそういう遊びはやりづらいんですよ。全部下に落ちていっちゃうから。滑り台なんかは坂で勢いをつけて登る楽しさがあるみたいです。あと水の遊び系がすごく面白いと思うんですよね。要するに、つねに高低差があるので、水を流すってことがダイナミックにできるんで。

――坂って自分の身体感覚をつねに意識しますよね。

荒木：たしかに、そうですね。乳幼児もデコボコの坂をうまいこと裸足でテケテケって歩いてるんですけど、あれは半端なく体幹が鍛えられると思って見てます。デコボコのところって日常的に歩かないですよね。あそこは根っこもあるし、たまに穴もあるし、かなり神経を研ぎ澄ませて歩かないといけないんですけど、あのデコボコの坂を歩くってことだけでも遊びなんですよね、ちっちゃい子にとって。

――ここは木がやたらいっぱいありますよね。これは遊びにいい面があるんですか？

荒木：それはありますよ。木の一番いいところはロープをつけて遊具が作れたりとか、上に登れたりとか、単純に日陰がいっぱいできるのは直射日光を浴びてると危ないからありがたい。虫が寄ってくるのも子供が捕まえて喜ぶから木は大事です。プレーパークでは水とか土とか木とか、自分で形を変えられるものって遊びの要素としてすごく重要だって思っています。自分でコントロールする快感と、コントロールできない快感とかが混ざった楽しさですね。

――公園の大型遊具って作った人が意図した通りに遊ぶことが多いですけど、ここの遊具って「滑り台」として作られていても、全然別の遊ばれ方をしてますよね？

荒木：そうですね。話をしてて思ったのは、この「大すべり台」がここに単体で置かれているのではないっていうことも大事だと思うんですよ。これ自体の魅力もあるんだけど、この周りに水があり、土もあり、よくわからないものが雑然と置いてあって、それと組みあわせられる。見てると、このなかでおままごとしてる子もいるし。勝手に使っていい素材がそこら中に置いてあるのも大きいですね。

私が「はねぎ」で遊びの観察をしている日のこと。直径1mほどのタライが置いてあった。

ある子供がそのなかにホースから出ている水を入れはじめた。他の子供が集まってきて、水の入ったタライを四人で別の場所に運ぶ。すると別の子供がスコップで大きな穴を掘りはじめ、協力してタライを入れられるくらいの大きさにした。みんなでそれを穴のなかに入れ、お風呂が完成した。

このお風呂作りは一人では成り立たない。ホース、タライ、スコップ、土、穴、子供たち——そのどれか一つでも欠けたら完成しなかった。複数のアクターがネットワークをかたちづくり、ユニークな遊びが生まれたのである。こうしたモノと人間と空間の遊びの生成に関しては、次章で詳しく取りあげたい。

挑戦的な遊具

次に「はねぎ」のシンボルでもある「大すべり台」を中心とする具体的な遊びについて聞いていく。世話人代表はこの遊び場での子供の遊びをどのように見つめているのだろうか。

——「大すべり台」を見て驚いたのは、滑るだけじゃなく上から下の子供に向かって木の棒や石を落として遊んでいる姿ですね。親も誰も何もいわないし、すごい空間だなと。

荒木：そうですよね（笑）。普通の公園に置き換えたらありえないですよ。でもそれは遊具の作り方からしてそうなんだと思います。登る場所が決まってないっていうのがまず一つありますよね。普通の滑り台だったら階段があって、高さがあるから手すりがあって枠があって、ここから滑るんだよって構造になってる。下から上がってきちゃいけないんだよって。滑り台の幅もそんな広くないじゃないですか、だいたい一人用で、順番ねって。うちはそういうしつらえをしないので、その子がいまの体力と力、やりたいことでコースややり方を選べるんです。

――呼ばれ方は「大すべり台」ですが、実際「大のぼり台」といえるほど駆けあがっている子供が多いですよね。

荒木：たしかに、印象としてそっちのほうが強いですよね（笑）。普通の公園だと登っちゃダメってなるけど、ここでは思いっきり挑戦できるし。

――遊具の内側にちょっと秘密基地っぽい空間があるじゃないですか。あそこに三人くらいで入ってずっと何か話していました。

荒木：あそこいいですよね。たぶん隠れ家っぽいスペースだから入る子がたくさんいるんですよね。やっぱりみんなコソコソしたいんですよ。この遊具って、静と動が同居できるんですよね、レイヤーがわかれてて。このなかでまったりしててもいいし、昼寝してもいいわけです。高低差があるから上と下で水風船を投げあう遊びもできたりとか、本当に自由度が高い。特にシンプルな作りにしてるからだと思います。

前章で見た「さみどり」でも死角になる穴や隠れ家的な空間は人気が高かった。どのような遊び場であっても、子供は大人の目から離れた空間でドキドキしたりコソコソしたりしたいのだろう。狭くて密《ひそ》やかな空間は子供を自然と惹《ひ》きつけるのである。

話をしたりゲームをしたり、ただボーッとしたり、くつろいでいるだけの子供もいた。ハウツーを子供に強要しないシンプルな作りが、遊びの自由度を担保しているのだ。他にもこの遊具は、柵と手すり、階段がない点がきわめて珍しい。

――柵や手すりがないことと階段がないことって、どういうコンセプトなのでしょうか？

荒木：あの「大すべり台」の高さは2m60㎝くらいあるんですね、最高部で。もちろん、あの高さの遊具は通常だと柵をつけなければいけないんですけれども、柵があると子供が逆に柵に頼っちゃうというか、柵があるからそこに寄っかかるとか、手をかけて外に出るとかっていう可能性が出てきます。

もちろん遊具点検はしてるんですけど、見逃している可能性もなくはない。うちのは鉄筋とかじゃなくて手作りで風雨にさらされているので、そのときにボキッていくと落下になるわけです。寄っかかれるものがあるっていうのは、守りにもなるんだけど、それがきっかけで大きい事故につながるかもしれない。だったらむしろ柵とか手すりはなしで、「ここ落ちたらやばいな」っていう危険な感覚、端に立ったときのゾッとする感覚を子供がもつっていうことのほうが大事なんです、柵で守るより。

あと階段って登るためのもので、あると登りやすくなっちゃうじゃないですか。そうなるとあの高さに本当は対応できない体なのに登れちゃうっていうことが起こるので、登りやすい階段は作らないって方針ですね。ちっちゃい子でも登れちゃう階段を作ると、むしろ上に登って落ちたら受け身も取れない。体がまだ対応してないので階段はつけないってことにしてます。


柵や階段に関するこの語りからは、「はねぎ」が危険性と安全性をどう捉えているかがよくわかる。柵をつけないことで危険を体感させる一方、かえって命の危険につながりうる登りやすい階段はつけない。この方針は先に紹介した「ハザード」と「リスク」についての天野の考え方と通底する。自ら防げる危険性は遠ざけないが、身体能力をはるかに超えた防ぎようのない危険性は取り除く。

――普通の公園が危険性を感じられないようになっていく一方で、ここは危険性をむしろ体感させようとしているんですね。これはどうしてでしょうか？

荒木：高さもそうなんですけど、ノコギリとか金槌とか釘とか、下手すると血が出るもの、痛いものも普通に置いてあったりするんです、うちは。やっぱりそれって、その子自身が痛みを経験したりとか、恐怖とかを体験したりすることがとても大事なことだと思っているからですよね。

――「なぜ痛みとか恐怖の経験ってしないといけないんでしょうか？」といまの若い学生からいわれそうな気がします（笑）。**なぜ大事だと思いますか？**

荒木：初代プレーリーダーで40年間やっていて、大学の先生とかもやってる天野さんは、いまの大学生くらいの子に、小さい頃に何して遊んでたかを尋ねると、思い出せない人が多いっていうことに気づいたらしくて。だいたい小さい頃の記憶って怖い思いとか、危なかったこととか、でもそこにはプラスでドキドキとかワクワクとか、誇らしかったりとか、強烈な体験の焼きつけみたいなのがあって、そういうものがその子の核を作っていく。彼はそういう発想なんですね。

——過去の強烈な体験って、ずっと忘れずに残っていますよね。

荒木：自分もちっちゃい頃の記憶で何を思い出すかっていうと、やっぱりそういうことなんですよね。その子の「楽しい」とか「不快だ」とか、そういう感情が親から与えられたものじゃなくて、その子自身がそのとき感じたもので、それが核になるから必要だっていう発想だと思うんです。うちの娘もゲリラ豪雨で雷がプレーパークの近くに落ちたことをすごく覚えていて、コントロールできない経験ってすごく残っているみたいで、楽しかった経験として語るんですよね。

「さみどり」の先生からの聞き取りで、子供は本来危険なことが好きだという話があったが、「はねぎ」ではそれに加えて、子供自身が体験する危険性が人間としての核を作るものとして語られている。

現在の公園がことごとく危険を回避しようとする一方で、むしろ痛みや恐怖を経験することが大事だと捉える遊び場もある。子供がワクワクする遊びを考えたとき、「安全な危険性」をいかに遊び場に取り戻せるかが鍵となるだろう。

制作プロセスへの参画

さらに「はねぎ」に特有なのが、ＤＩＹ遊具への参与である。すでに述べた通り、「はねぎ」では遊具を自分たちで作るが、そのためのアイデアを広く募集する。子供も大人も、遊びたい遊具に関するさまざまなアイデアを出す。

多くの公募から最終的にデザインが決められて、集まったデザイン案とともに掲示板に張り出され、作られる新しい遊具のデザインが発表される【図4-16】。通常の公園や遊び場で、遊具のデザインから関われるところはほぼないだろう。こうしてアイデア出しから遊具の制作まで、一連のプロセスに遊び手自身が関わっていくのである。

――２０１６年にできた「大すべり台」もアイデアを公募して作ったんですよね？

荒木：それも今回（２０２３年の建て替え計画）と一緒なんですけど、子供たちにどんな滑り台にしたいって公募して、それをプレーワーカーたちが合わせて、プレーパークなりの

安全性を考えてデザインしたものにします。いままさにそれを作り替えようとしていると
ころなんです。

新しく作られることになった「シン・大すべり台」は坂を反対側に作ることによって、もっと斜面が長く、助走が下り坂ではなく登り坂になって難易度が上がり、より挑戦的な遊具になっている。

秘密基地スペースも完備され、はりだしデッキの空間が広くなるような構造だ。ミニ斜面の幅と2階のデッキの部分が広くなることで、小さい子供が挑戦できるように更新されたといえるだろう。注意書きで「大人に『ちょい乗せ』してもらうのは厳禁だよ」と記されている。あくまでも自分の力で挑戦することが要請されるのだ【図4-17】。

2016年に公募でアイデアを出しあって「大すべり台」を作ったときのメモが残されていて、遊具名、ねらい、場所、理由、寸法図が書かれている。そこには小学生たちが思い切り楽しめる遊具という言葉以外に「すべる、登るだけでなく、飛びおりたり、まったりしたり、コソコソしたりと、いろんなあそび方をしてもらいたい」と記されていた。

子供の動きを見て発見したことの欄には「自分の力で登らず、登らせてもらった子どもは高

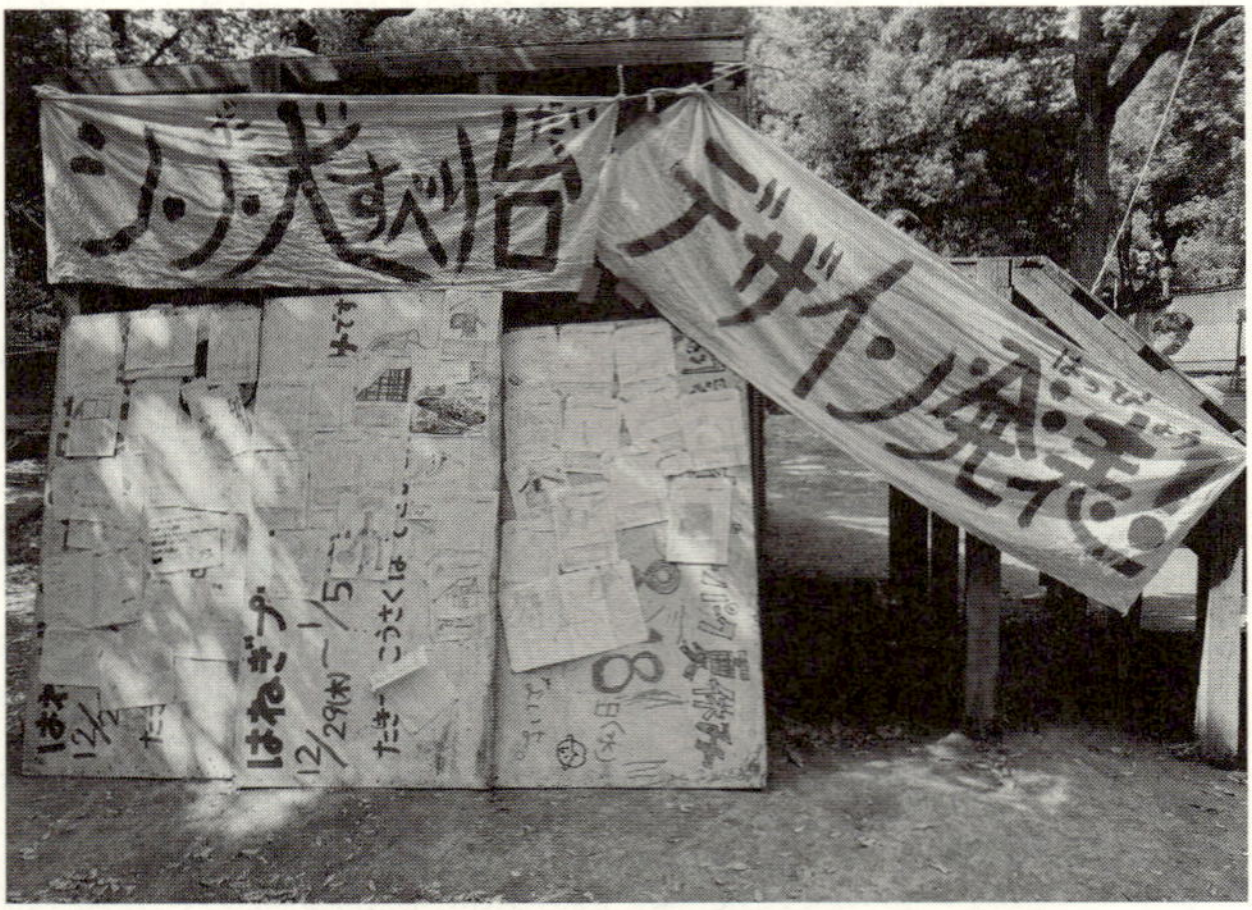

【図4-16】子供たちから集まった滑り台のアイデアは掲示板に張り出される

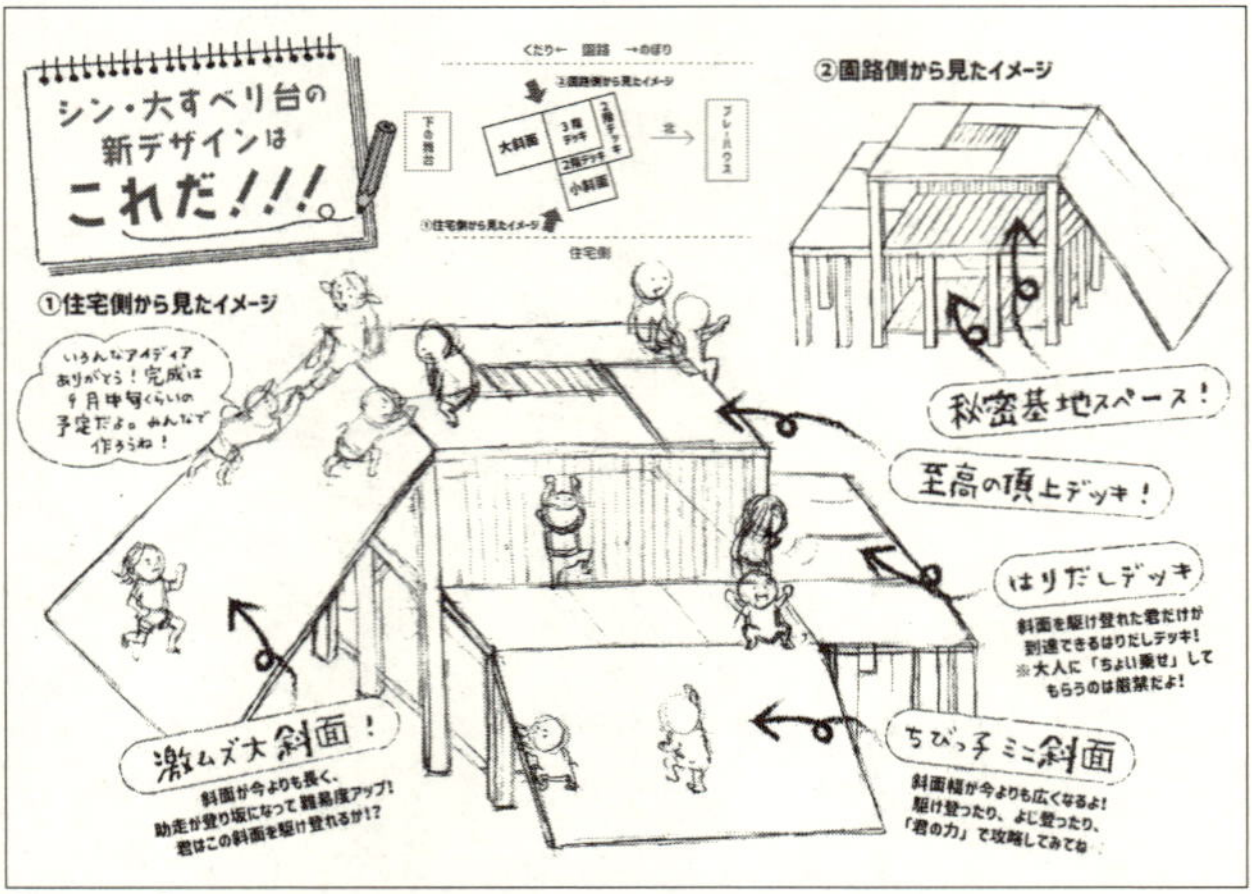

【図4-17】完成イメージ図でも子供だけの力で遊ぶことが強調されている

さへの恐怖を口にしている」という興味深いメモもある。大人の不必要な介入は、子供の達成感や成長を妨げることになりかねない。

——アイデアを公募したあと、遊具の制作には実際どういうふうに関わっていくんでしょうか？

荒木：これから形ができていって、デザインから設計図に落とし込んだら、そこから材料を調達して、みんなで切り出す作業をしたりとか、子供も普通に手伝ってやりますよ。ノコギリをもってやっていいし、穴を掘ったりとか、埋めたりとか、そういうのをみんなでやります。

定期的に訪問して、新しい遊具が組み立てられていく様子を観察した。2023年7月にデザインが発表され、8月に遊具作りが開始された。穴掘り、組み立て、仕上げと作業が続く。骨組みを作っていく棟上げ作業の協力者を求める看板が出され【図4-18】、遊び場に来ている子供たちも加わって土台を運ぶ【図4-19】。自らの手で完成まで作業を続ける。途中の状態で日々、少しずつ変化していく姿を眺めることになる【図4-20】。元プレーリーダーの一人は

『30年誌』で「リーダーハウス作り」について次のように話している。

丸っきり何もできなかったのに、「あ、やればできんだな」っていうようなことを思いました。でも、一番は、手伝いに来てくれる人がたくさんいた。たくさん集まってみんなで作ったっていう。昨日も常連の子たちが、僕が来たときに4年生だったのがもう40いくつなんですけど、「俺、あそこの壁塗ったぜ」とか「俺、あそこの電柱運んだんだ」とかいう話をしていて。

遊具の利用者＝遊び手としてだけでなく、制作者＝作り手として作業に携わることは、こうした記憶と愛着をモノにもつことになる。「作ること」――制作は、遊具や遊び場を記憶と歴史が詰まった特別なものにする。それはモノや場所への利他的な関わりといえるかもしれないし、逆にモノや場所から温かい何かを受け取っているともいえる。

当初は2023年9月中旬完成予定だったが、延長して11月半ば完成予定になり、さらに延長を重ねて2024年2月24日に「おひろめ&完成祝い祭」が設定された。けれども、それでも遊具は完成しなかった。結局、タイトルを改め「完成直前！　壮行会」として開催された

【図4-18】「シン・大すべり台」の組み立ての協力者をつのる張り紙

【図4-19】土台作りを手伝う子供たち

【図4-20】だんだん土台ができあがっていく

【図4-21】。このとき、世話人代表の荒木さんは次のようなことを話した。

ここまで半年以上かけてやってるんですけど、長くやってなかなか完成しないっていうのも意味があるなと思ってて。なぜかというと、できる人がバンバンやると期日までにすぐできちゃうんですね。でも、できないよって人たちが一緒に集まって「できないよ、助けて」っていってると、どんどん人が集まってくる。やっぱりプレーパークってそういうふうに、大人も子供もいろんな人たちが関わってて、自分の居場所だって思えるところなんですよね。

自主保育の活動をやっている母の一人で、この遊具の設計を先導した女性も、途中の状態でお披露目されるのは意義があると述べた。これから遊ぶ子供たちに「物作りの仕組み、骨組みがどういうふうに作られているのか、その中身が見えることはいいこと」だと話す。企画・制作から完成して遊ぶまでのプロセスに関わることは、遊びに制作の歴史・文脈をもたらし、豊かな体験に変えるのである。

これまで多くの公園のフィールドワークで子供の遊びを観察して確実にいえることは、どれ

【図4-21】2024年2月24日に開催された「完成直前！　壮行会」

だけ大きくて豪華な複合遊具でも、ルートの画一性、動きの単調さがあるものが意外に多く、そういった遊具には最初は喜んで飛び込んでいくものの、一通り遊んだら飽きてしまうことも少なくない。その要因は遊びに広がりが生まれないからであり、身体が新しい遊びを感じることの歓《よろこ》びがないからである。

端的にいって、ここに欠落しているのは危険性や不安定さである。危険な状態や不安な状況をその都度、乗り越える悦楽。それなしに子供は遊びの創造力を発揮することはできない。身体が享楽することもない。

子供の創造的な遊びとは、不安定な状態から安定した状態へのダイナミズムの反復と差異である。現在の遊び場には、多様な遊びや挑戦的な遊びを許容する環境（危険性の排除はこれと真逆に作用する）、遊具のもつ「余白」が縮減しているのだ。次章では、もっともラディカルな保育を実践している「森のようちえん」の事例を見ていきたい。

註

＊1　アレン・オブ・ハートウッド卿夫人『都市の遊び場』【新装版】大村虔一・大村璋子訳、鹿島出版会、［1973］2009年、55頁。
＊2　同前、56頁。
＊3　以下の議論は、NPO法人プレーパークせたがや『気がつけば40年近くも続いちゃってる、住民活動の組織運営。』（2013年）を参照。
＊4　天野秀昭『よみがえる子どもの輝く笑顔――遊びには自分を育て、癒やす力がある』すばる舎、2011年、46頁。
＊5　NPO法人プレーパークせたがや『羽根木プレーパーク 大型遊具リーダーハウス30年誌』2022年、16頁。以下、引用は註がないかぎり本誌を参照。
＊6　NPO法人プレーパークせたがや『こどものこえ』2019年、37頁。

第五章　森で遊びを生み出す

——森と畑のようちえん　いろは

1　森にお邪魔する

「森のようちえん」とは何か

——大阪府河南町にある「森と畑のようちえん　いろは」。

大阪の南部にある小さな森を活動拠点に、自然に囲まれて生活している認可外保育施設だ。ヨーロッパで誕生した保育実践を受け継ぎ、日本各地で行われている園舎をもたない野外保育スタイルの「森のようちえん」の一つである。

「森のようちえん」は、もともとデンマークが発祥の地で、1950年代前半にエラ・フラタウという母親が子供を森で自由に遊ばせたいと願い、自然のなかに連れていった「歩く幼稚園」から始まったといわれている。

もっとも、スウェーデンではもっと前から自然教育活動が行われていたらしいし、その思想のルーツとしては、自然に囲まれた田舎の生活が人間の成長に適した環境だと主張した、フランスのジャン＝ジャック・ルソーに遡ることもできるだろう。

デンマークでは1950年代から産業の発達とともに労働者が都市部に移り住むようになった。けれども、保育環境が十分ではなく、高層アパートに住む子供たちには自然との関わりが不足していた。

そこで近所の母親たちが交代で子供たちを連れて自然のなかに出かけるようになり、やがて保護者による自主保育というかたちで園が運営されるようになったという。伝統的な園舎のある保育とは違ったスタイルの保育の効果が認められ、自治体が予算を組むようになる。こうして次第に森での保育は、デンマーク全土に広がっていった。

他にもドイツでは全国レベルで「連邦自然と森の幼稚園協会」という団体が設立されていて、活動がかなり盛んに行われている。第一次世界大戦後に世界的に展開された「新教育運動」の一つであるシュタイナー教育に関心が高いことも関係しているようだ。シュタイナー教育においては、幼児期の子供の体に働きかける五感を通じた直接体験や、自然の素材に囲まれて得られる多様な感覚を重視する。

また、自然の移り変わりとともに変化する子供の体験や創造力を養えるよう自然素材のシンプルなおもちゃが取り入れられている。こうしたシュタイナー教育の要素は、森のようちえんの生活スタイルと強く響きあう。

日本には、石亀泰郎《やすお》が著した1995年の『森のようちえん』（宝島社）、1999年の『さあ森のようちえんへ――小鳥も虫も枯れ枝もみんな友だち』（ぱるす出版）によってデンマークの森のようちえんの活動が写真つきで伝えられた。もっとも、日本においても「青空保育」や「おさんぽ会」といった取り組みは以前からあった。だが、「森のようちえん」という言葉が使われるきっかけとなったのは石亀の本の出版によるところが大きい。

2005年に宮城県くりこま高原において第1回森のようちえん全国交流フォーラムが開催され、2008年に森のようちえん全国ネットワーク（現：特定非営利活動法人森のようちえん全国ネットワーク連盟）が設立された。こうした流れから野外で森のようちえんを立ちあげる動きが進んだのである。

2000年代を通じて、ドイツやデンマークの森のようちえんに関する紹介がテレビや新聞で報道されるようになり、日本で一定の知名度を獲得した。同時に研究も行われ、実践する人も増えはじめた。

第二章で公園の管理社会化の問題を取りあげたが、ちょうどこうした動きと同じ時期に、真逆の考えをもった遊び場が誕生していったということは興味深い。2000年代後半から2010年代にかけて日本全国で同時多発的に発足し、いまでは全国ネットワーク連盟に約380

の個人・団体が登録している（2024年9月現在）。加盟していない活動団体も含めると、もっと多くの森のようちえんが点在していると考えられる。

森のようちえん全国ネットワーク連盟の公式HPによると、「森」は「森だけでなく、海や川や野山、里山、畑、都市公園など、広義にとらえた自然体験をするフィールド」で、「ようちえん」は「幼稚園だけでなく、保育園、託児所、学童保育、自主保育、自然学校、育児サークル、子育てサロン・ひろば等が含まれ、そこに通う0歳から概《おおむ》ね7歳ぐらいまでの乳児・幼少期の子ども達を対象とした自然体験活動」を指す。

運営形態もさまざまであり、主に三つある。年間を通して森のなかで保育を行う本格的な「通年型森のようちえん」、日々の生活は園舎だが定期的に森へと出かけて活動を行うタイプの「融合型森のようちえん」、園舎やフィールドを特定せず行事として幼児対象の環境教育活動を行うタイプの「行事型森のようちえん」。[*1] これから紹介する「いろは」は、一日を森で生活する「通年型森のようちえん」である。

「いろは」の日常

晴れの日も雨の日も、河南町の小さな森のなかで「いろは」の子供たちは生活している。園舎をもたず、豪華な遊具はない。自ら作ったDIY遊具か、自然そのものが遊具ともいえる。「いろは」は「自然の中でこころもからだも伸びやかに過ごせる場所を作りたい」という想いで2016年に開園した未就学児童向け、通年の預かり型野外保育だ。3歳から6歳の未就学児を預かり、通常の園のように学年別にわけず、縦割り保育形式を採っている。

春には田植えをし、夏は水遊びやキャンプをする。秋になると芋掘りや稲刈りをして、冬は雪遊びをする。季節の移り変わりとともに多種多様な自然の変化のなかで日々生活をし、自然の美しさや厳しさを体感しながら子供たちの心と体を育て、個性と主体性を伸ばしていくのが「いろは」の理念である。明確なカリキュラムを作らず、子供たちから湧いてくる興味・関心を受け止めて、その日の過ごし方を決める。

まず登園すると焚き火をし、子供たちが火を囲んで座る【図5-1】。火のエネルギーを全身で感じる時間だ。始まりと終わりに円になって「森の神様」に祈りを捧《ささ》げる時間がある。代表の話によれば、私たち人間が思い通りに自然を使うのではなく、自然や生き物が先にいて、私たち人間のほうがお邪魔して遊ばせてもらうという感覚をもっているからだという。だから子供たちと保育スタッフ全員で毎日、森に感謝を捧げる。

朝の会が始まる。といっても、プログラムが決まっているわけではない。ウクレレの歌に合

【図5-1】焚き火を囲む子供たち

【図5-2】「いろは」では昼食の時間が決まっていない

わせて名前を呼び、対話をし、今日何をして遊ぶかを話しあう。

「水で遊びたい」「山登りしたい」「マイクラごっこしたい」と思い思いにやりたいことを口にする。みんなで同じ遊びをする必要はない。山登りや沢登りに行く子供、森の遊具で遊ぶ子供、ごっこ遊びをする子供、それぞれやりたいことをやり、山登りなど危険をともなう遊びには保育スタッフが付き添う。

自由遊びの時間が終わると、お昼ご飯の時間になる。一般的な幼稚園や保育園のように厳密な昼食の時間はない。食べたくなったら何となく集まって食べる【図5-2】。午後も自由遊びの再開。観察する限り、朝の会で計画した通りに遊んでいる子供はほとんどいない。最初はいったことをやりはじめても、その場その場でやりたいことが湧きあがり、その欲望にしたがって遊ぶ。14時頃になると「絵本の時間」になり、終わりの会をして迎えの時間となる。

保育スタッフから保護者に向けて、一日どのようなことをして過ごし、何があったかを細かく伝える。園児たちが全員帰ると、保育スタッフが集まって一日の振り返りをする。かなり長い時間をかけて、その日に起こった出来事や、園児のことについて話しあう。季節によって多少の違いはあるが、およそこのようなスケジュールで進んでいく。

2　森のなかの遊び場

自然の遊び空間

「いろは」は森の入口にある小さなスペースを借りて生活をしているため、いわゆる「園庭」のような厳密な空間はない。園舎のある「さみどり」とは対照的に、とはいえ公園の一画にあるプレーパークの「はねぎ」とも異なり、自然の一部で過ごすため、ここには園庭という概念も、遊び場を規定する境界もない。

「いろは」は、むき出しの自然と共に暮らすため、季節や天気によって遊び場の領域が広大になったり制限されたりする。自然を人間の都合のいいようにコントロールするのではなく、自然のサイクルにそって、あるいは自然の都合に合わせて活動する。森にあるすべてのモノに対して自由に関わることができる。まずはこれまで同様、遊び場の空間を描き出してみよう。

山の麓に森への入口がある。細い道を登っていくと左手に田んぼや畑のスペースがあり、さらにその奥へ進むと「いろは」の活動拠点がある【図5-3】。「はねぎ」と同じく、地形が斜面になっていて丸太の階段がところどころに置かれている。右手には小川が流れ、川を渡った先でも遊ぶことができるし、もちろん山の奥深くにも進んでいける。周囲はありのままの自然の状態で、人工的に手が加えられているものはほとんどない。木々は季節によって表情を変え、暴風雨によって木が倒れたり、地形が変わったりするため、子供たちは刻々と変化する自然に向きあうことになる。

ここにも手作りの遊具がたくさん置かれていた。木の板で作った手作りのブランコや、牛乳ケースとタイヤをロープで木に吊るしたブランコ【図5-4】、大きな丸太を置いたシーソー【図5-5】、川に倒れていた木で作った渡り棒【図5-6】、竹を使って作ったロング滑り台【図5-7】、木に取りつけられた大きなネット遊具などがある【図5-8】。ただし、あとに述べていくように、ここには自然のなかに無限の「遊具」が見出される。

使えなくなった廃タイヤや、壊れかけたプラスチックのコンテナをブランコとして再利用することは、資源を大切にするリサイクルの一つで、環境への利他の一環といえるだろう。かつて公園や学校の校庭などで、廃タイヤをリサイクルして作られた跳び箱やブランコが、よく使用されてきた。

現在は、再加工してリユースしたり、燃料として使用したりできるリサイクル技術、あるいはマテリアルリサイクルとして別のゴム製品に生まれ変わる技術が発展し、あまり遊具として

【図5-3】森の奥の拠点

【図5-4】牛乳ケースとタイヤで作ったブランコ

【図5-5】大きな丸太のシーソー

【図5-6】川に倒れていた木でできた渡り棒

【図5-7】竹でできた滑り台

【図5-8】木に取りつけられたネット遊具

見かけなくなった。

だが、タイヤのゴムの独特の手触りと柔らかさは子供たちの身体に固有の反応を返すし、牛乳ケースは子供を包み込む形状になっており、あとの聞き取りでも触れられるように、激しい遊びをしたあとに子供が心を休める癒やしのスポットになっている。現在各地で導入されているインクルーシブ遊具としての側面も認められるだろう。長いシーソーは小さい子でも乗ることができ、全身でしがみついて木の感触や匂いを体感しながら遊ぶ。

倒木を利用して小川に架けられた丸太は、向こう側に渡れる橋としても、スリリングな渡り棒としても、ぶら下がって遊ぶ遊具や飛び降りるジャンプ台としても活用されている。ただ列を作り、またがって移動する遊びも見られた。

世界的に知られているルドルフ・シュタイナーの幼児教育学では、最初の7年間で育てなければならないのが体であり、全感覚が毎日刺激されることが知的な発達の基礎になると考えられている。「いろは」の園児たちは、自然の遊具から全身で刺激を受け取って遊ぶ。そのことをいくつかの遊具での遊びから見ていきたい。

形を変える遊具

「いろは」の子供たちは、竹の長い滑り台から何を受け取っているだろうか。調査に訪れた2022年に置かれていたのは、高所からかけられた3本の竹である。保育スタッフの話によれば、行政の人が立ち寄っても滑り台だと思われないのだという。たしかに一見して滑り台とは認識しがたい。また上から下のほうに急いで移動する手段としても使われている。

遊具としても多様な遊び方を生み出す「余白」のある滑り台で、画一的な遊び方にはならない形状になっている。「はねぎ」のウォータースライダーのように、毎回違う滑り方に挑んでいる姿が確認できる。

通常の滑り方やうつ伏せで頭から滑る子供【図5-9】、竹にしがみついて足から滑っていく子供など多種多様な降り方が見られた【図5-10】。中間地点で脇に立っている子供が木の棒で踏切を作っているのも写真からわかるだろう。「はねぎ」の「大すべり台」と同じく、上からこの木の棒を滑らせて下の子供が受け止める遊びも見られた。

他にも仰向けで頭から滑る子供【図5-11】、横向きになって腹で滑る子供【図5-12】、渡り棒のように下からバランスを取りながら登っていく子供もいる。あるいは片足をかけて滑る様子も見られ【図5-13】、よりスリリングで楽しい滑り方を編み出そうとしていることがわかる。横向きに座り、蟹《かに》になって滑る子供もいた【図5-14】。

これは第二章で紹介したカイヨワの遊びの分類でいえば、「絶え間ない創作」での模倣を意味するミミクリと、「眩暈の追求」であるイリンクスの組みあわせである。カイヨワはミミクリとイリンクスとの結びつきは、「脱規則の世界を想定し」、「即興的に振舞」い、「抑えがたい全身的な興奮への扉をひらくもの」だと述べている。*2

竹の滑り台は、さまざまな滑り方に挑戦させ、自由に遊びを開発させるだけではない。この自然でできた遊具は、滑るたびにグラグラして竹がしなる。遊んでいるうちに弛《たゆ》んできて、形が徐々に変化してゆく。それをその都度、感じながら遊ぶことになる。

竹は1本1本違った形をしている。その自然の不規則な形を全身で感じながら、さらに次第に変化してゆく竹を味わいながら、子供たちは遊ぶのだ。またこの遊具が変化する自然のものである以上、厳密には同じ滑り方は存在しない。次第に弛んで、傾斜が変わり、最後には折れてしまう。

これまで議論してきた危険性もつねに隣りあわせである。ガチガチに固定されているわけではない竹は、しなったり回転したりすることで、しばしば子供を弾《はじ》き飛ばす。隙間に足を取ら

【図5-9】竹の滑り台を頭から滑る子供

【図5-10】何人もの子供がしがみつきながら滑る

【図5-11】仰向けで頭から滑る子供

【図5-12】横向きで滑る子供

【図5-13】片足をかけて滑る子供も

【図5-14】手を蟹のようにしながら滑る

れて落下することもある。そのたびに子供たちは受け身を取って痛くない落ち方を身体で覚えていく。負荷をかけると折れるかもしれないと思いながら滑る。子供たちは危ない滑り台だと認識し、疑いながら遊ぶ。その気持ちがつねに全身の神経を使い、世界への感度を高め、他なるものへの繊細な心を育んでゆく。

自然の音を響かせる

「いろは」は豊かな自然の音に囲まれている。山奥から森の入口まで川が流れ、竹でできた手洗い場からつねに水が落下する音が聞こえる。風の音も強い。絶えず森の木々がざわめく。歩くたびに葉っぱや草を踏む音が鳴る。枝が折れる音が響く。

レイチェル・カーソンが、自然によってもたらされる驚きと不思議に開かれた感受性としての「センス・オブ・ワンダー」を保ち続けた日々を「いろは」の子供たちは過ごす。[*3]

焚き火が薪を燃やす微《かす》かな音。子供たちが小枝や葉を入れると、それとは別の音が奏でられる。森の奥にはいろいろな生き物が住んでいる。季節とともに鳥や虫の声が変化する。耳をすませば、多くの動植物の生命を感じ取ることができる。自然の発する音は、これほど多様で豊かなのだと驚かされる。むろん、自然の音だけではない。スコップで土を掘り起こす音、ウクレレの音色、たくさんの音がここには存在する。

昨今の公園では、聴覚を刺激する音の要素を遊具に組み込もうとする取り組みも増えてきた。たとえば、東京都世田谷区の砧公園「みんなのひろば」には「楽器遊具」が設置され、鍵盤を押すとドレミの7音が鳴る仕組みになっている【図5-15】。あるいは大阪府吹田《すいた》市の万博記念公園にもカスタネットパネルやてっきんパネルなど、音の出る遊具が設置されている【図5-16】。

歴史的に見ても、公園に聴覚を刺激する要素が少なかったため、こうした試みは歓迎すべき点である。しかしながら、人工的に作られた楽器系の遊具は、音の種類に限界がある。定められた音を叩いてメロディを奏でることはできる。だが、それは想定内の規則的な音でしかない。「いろは」の音は、ほとんど自然が発する音なので、規則性も音階もないし、こちら側も想定できない、さまざまな音色を奏でてくれる。

雨がとりわけ力を発揮するのも、こうした遊びにおいてである。通常の幼稚園や保育園なら、雨が降ったら外遊びは基本的にしない。けれども「いろは」では関係ない。雨の日には雨の日の楽しみ方がある。

「いろは」には小さいものから大きいものまで、食器や容器、調理器具、何に使うのかわから

【図5-15】砧公園にある「楽器遊具」

【図5-16】万博記念公園の「てっきんパネル」

ないものもたくさんある。雨が降ると水が滴るスポットが演奏会場になる。子供たちが、さまざまなモノを置く。フライパン、コップ、スコップ、コンテナ、ジョウロ、まな板、鍋、ボウル、おたま、フライ返し……あげればきりがないほど、次々とモノをもってきては、それぞれの物体が放つ音を傾聴する。

雨の演奏にじっと耳を傾ける子供。一つ一つ、響く音が違う。同じ用途に使うものでも、よく聴くとその形状や素材によって音も異なる。子供たちは嬉《うれ》しそうに「次、これやってみよう」「あ、これは太鼓みたい」「これは反応なし」と「実験」し、「発見」を繰り返す。

多種多様な音が響き渡り、みんなでその自然とモノの演奏を聴く。雨とモノと子供、それぞれがそれぞれのポテンシャルを引き出していることがわかるだろう。こうした潜在する多様な性質をお互いに引き出しあうネットワークの形成こそが、利他的な遊びに不可欠なのである。

「自利利他」としての遊具

木に取りつけられたネット遊具は、人気スポットの一つである。大きなネットは子供たちを包み込むように設置されている。だからか、この場所で一人で遊んでいる子供はあまりいない。廃タイヤと深く沈むネットがあり、イリンクス（眩暈）を存分に味わえる遊具である。

自分が引っ張ることによって、他者がその揺れを楽しむ【図5-17】。グローブジャングルなどの回転遊具の楽しさの一つも、回される人が回す人によって引き起こされるスリルにあるだろう。ただし、この大きなネット遊具は、揺らす人と揺らされる人に明確にわけられない点が重要だと思われる。

このネット遊具の興味深いところは、一人で飛び乗って遊ぶよりも、他者と一緒に乗って飛び跳ねることを楽しんでいる点にある。他者の遊びの運動は、予測不可能な揺れを引き起こす。そのコントロールできなさが面白い。だから上のほうでジャンプして遊んでいる子供は、それ自体で楽しいのだが、同時に下のほうに寝転がっている子供も、上の子の作り出す揺れを楽しんでいる【図5-18】。さらに下の子が転がることで上の子にフィードバックが伝わり、相互的に制御できない激しい揺れ、いわば「協働的イリンクス」が生まれるのである。

若松英輔は、平安時代の最澄と空海を取りあげ、利他論を展開している。仏教における「利他」は「利己」の対義語とはまったく異なり、たとえば空海は仏の教えを一言で「二利」に尽きるとし、「自利」(自らを利すること)を否定することなく、「利他」とわかちがたいものとして捉えている。若松は空海が追求した思想を、「自利利他」が一つになるとき、自利も利他も同時に成就されるのだと表現している。*4

子供の遊びを眺めていると、まさにこの「自利利他」を生み出す遊具がある。このネット遊具がそうである。上で飛び跳ねる子は、自らの眩暈体験の楽しさを追求しているが、それと同時に下にいる子の楽しさを引き起こす振動を伝えている。ネットを引っ張る子供は、必ずしもネットに乗っている他者を楽しませるためだけに揺すっているのではない。自らもまたネットの押し引きに、ネット遊具の上で揺らぐ他者の身体の反応に歓びを見出しているのである。

このような遊具はネット遊具だけではない。たとえば畑や田んぼは夏に子供が泥まみれになって泳ぐプールにもなるが、ボートを浮かべる遊び場にもなる。ここでのグラグラする眩暈体験も「自利利他」のモードを作り出す、スリル満点の遊びだ【図5-19】。また、丸太の橋の下には小さな丸太がロープでくくりつけられていて、集団で乗るブランコとしても遊ばれている【図5-20】。これも大勢の他者の存在を全身で感じる遊具だ。

第一章でも触れたように、若松は仏教思想において、利他における「他」には、「自他」の区別を超えた、無数の「他」とのつながりがあるという。ここには人間以外の生命や自然もあてはまるだろう。そう考えたとき、廃タイヤや使えなくなったプラスチックのコンテナで遊ぶことは、自ら楽しむ「自利」でありながら、環境への「利他」でもあるといえるだろう。

【図5-17】
深く沈むネットを引っ張ると、ほかの子供たちが揺れを楽しめる

【図5-18】
ほかの子供のジャンプを寝っ転がって楽しむ

【図5-19】
畑や田んぼの水路に船を浮かべて遊ぶ

【図5-20】
丸太の下に小さな丸太をつけると、多くの子供たちが楽しめるブランコに

3　自然を遊具化する

見立てる遊び力

公園にある遊具は、そのほとんどがどのように遊ぶものか、モノ自体がわかりやすい情報を遊び手に発している。言い換えれば、モノが子供にアフォードする意味は、どう登ってどう降りるかといったように、およそ単一のものでしかない。

だが「余白」のある遊具は、アフォードする意味が多様であり、受け取る子供によっても違う。それはモノと関わる子供の想像力／創造力を喚起する。何に使えばいいかわからない廃材などが多く置かれている「はねぎ」と同じく、「いろは」にもそういう「余白」のあるモノが散見される。

たとえば虫取り網はバスケットボールのゴールになり、何もない広場はコートになる【図5-21】。大きな板は、夏、水場に立てかければウォータースライダーになるし【図5-22】、秋には落ち葉のクッション目がけて頭からダイブするスリル満点の滑り台にもなる【図5-23】。急

【図5-21】
広場の木に虫取り網のゴールをつけてできたバスケットコート

【図5-22】
大きな板を立てかけて作ったウォータースライダー

【図5-23】
落ち葉のクッションを利用した滑り台

【図5-24】
斜面をスキー場に見立てる子供たち

【図5-25】
吊るされている梯子をブランコとして遊ぶ

勾配に木の棒をもってくれば、その斜面はスキー場に早変わり【図5-24】。広い空間、斜面、自然物／人工物。子供たちはそれらを組みあわせて、まったく別の遊び空間を自由自在に立ちあげる。複数の木がロープで吊るされた場所で遊ぶ子供に「何して遊んでるの？」と尋ねると「これ普通は梯子やけどブランコにして遊んどる」という答えが返ってきた【図5-25】。

先に長い竹の滑り台を紹介したが、「いろは」には他にも「滑り台」として遊ばれているスポットがいくつもある。それは周囲にある山の斜面だ。だから無数の「滑り台」が生み出される。子供たちは道にもなっていない急勾配を「滑り台」と見立てて、次々に滑ってくる。むろん、手すりも側板も座る台もない。滑り降りて楽しそうなところはどこでも「滑り台」になるのである。

冬のある日のこと。はじめは普通の滑り台だったが、次第に体を回転させて滑り降りたり、中間地点から飛距離を競うジャンプを入れたり、宙返りまで組み込む子供も現れた【図5-26】。ちょうどこの時期に冬のオリンピックで盛りあがっていて、テレビで見た選手の技を模倣していたのである。

ここでも「イリンクス＋ミミクリ」の組みあわせが、子供たちを夢中にさせている。それぞれ違う身体と運動能力をもった子供たちだが、この森の遊び場であれば、自分の身体にもっと

【図5-26】滑り台から生まれた新競技

もフィットする場所、あるいは自分の求めるスリルにあった場所をどこでも選ぶことができる。子供の想像力／創造力は計り知れない。

山桜のジャングルジム

台風で山桜が倒れたときのこと。そのときの映像をもとに、子供たちに何が起こったかを詳細に観察し、記述してみよう。

台風の翌日、倒れた大きな山桜の木を目の当たりにし、子供たちが「びっくりした〜」などといいながら集まってくる【図5-27】、オーナーが危なくないように木を切ったり避《よ》けたり処理をしている。すると突如、周囲にいた子供の数人が木に登りはじめる【図5-28】。「俺、こんなとこまで来ちゃったよ！」と得意げに話す子供。次第に周囲の子供も真似《まね》して「乗っていこうか！」などと口々にいいながらみんなが木に乗っていく。枝にぶら下がったり、枝の上に立ったり、「こんなに奥まで行った」「台風でも楽しくいけるな！」などといって好き好きに遊ぶ。

太い枝を見つけると、すぐにまたがり、滑り台にして遊んでいる子供もいる【図5-29】。「（木が）倒れたほうが楽しい！」という声があがる。保育スタッフが「そこ、滑り台みたいで

【図5-27】台風で倒れた木に集まる子供たち

【図5-28】子供たちが倒木に登りはじめる

【図5-29】太い枝は滑り台になる

【図5-30】「子供ジャングルジム」が誕生

【図5-31】倒れた木の中をアジトに見立てる

【図5-32】倒木にロープをくくれば「ネット遊具」が生まれる

楽しいな」といって倒れた木に近づくと「子供しか行けないってゆっただろ！」と一人の子供が叫ぶ。それを聞いた別の子が「ここさ、子供ジャングルジムにしよ！」という。すると次々に「子供ジャングルジムへ、ようこそ！」と声をあげて盛りあがる。

こうして倒れた山桜の木は、「子供ジャングルジム」に姿を変えた。子供たちはまるで猿のように、木に飛びついてどんどん登ってゆく【図5-30】。「自然の遊具」は興奮した子供たちの異様な熱気で包まれている。

無数の枝のしなり具合が楽しくて仕方ないらしい。別の子供は倒れた木の下にアジトにできそうなスペースを見つけ、隠れて様子を窺う【図5-31】。今度はくくりつけたロープを発見し、そこに集まってジャンプして遊ぶ【図5-32】。「子供ジャングルジム」とロープの「ネット遊具」での子供の激しい動きが相互に振動を伝えあい、興奮は絶頂に達する。

この倒れた山桜の「子供ジャングルジム」は、倒れたあとも最初に迎えた春には花が咲き誇り、二度目の春は余力を精一杯出して寂しくチラホラと咲き、だんだん朽ちていって枝が減り、徐々に消えていったという。残った木は焚き火の燃料になった。

この遊具には子供が好む遊びの不規則性（ランダムネス）、自らの身体の制御を失わせる眩暈体験、危険と隣りあわせの状態で未知なるものを思考しながら攻略していく遊びの挑戦性、他者の存在を、媒介を通して感じられる、予測不可能な揺れを味わう遊びの偶然性、自らの楽しい遊びが他者を喜ばせる遊びの自利利他性などが詰まっている。

人間中心で遊び道具を作り出すのではなく、自然の成り行きに合わせて、その場で生まれた素材を遊具に見立てて遊び、自然がなくなると遊具も消失していく。2年の歳月をかけて、自然の生命力を子供たちに見せつけた「消えゆく自然の遊具」は、子供たちを大いに遊ばせ、学ばせて姿を消したのである。

創造的な遊びを生み出す

ここではアクターネットワーク理論（ANT）を参照しながら、ある日の遊びを記述してみたい。改めて確認しておくと、ANTは人間だけではなく、人間以外のあらゆる異種混淆《こんこう》のアクターの連関を通して成立するものを記述する試みであった。

「いろは」なら水や火、風、木といった自然の要素や、森のそこここにある容器や調理に使うモノ、もちろん、その日に子供が着ている服装や天候などの非人間も、人間と同じく遊びの社会の成立に関わるアクターと見なす。

2022年12月15日、最低気温1度、最高気温8度。朝はかなり寒く水も凍結しているところがある。よく「船」として遊んでいるボートに溜まっていた水が氷になった。子供たちは朝やってくると、その氷を割ったり、食べたりして遊んでいる。

一人の子供が落ちていたフライパンに氷を入れ、火にかけはじめた。すると溶けて熱いお湯になる【図5-33】。大人にとっては当たり前の話だが、子供にとっては「実験」であり「発明」である。次々に面白い遊びの発見に気づき、模倣が生まれる。ちなみに「いろは」では火は自由に使っていい。

前日のことだが、別の場所で落ち葉を木の棒で集めて遊んでいた。当日、その落ち葉の塊の横にプラスチックの大きな容器を集団で運んでくると、ある子供がそのなかに入り込み、別の子供がほうきでもっと多くの落ち葉を集めて、それを入れはじめた。

隠れ家スペースとなった容器に落ち葉を敷き詰め、ある子供が着ていたダウンジャケットを上にかけた【図5-34】。まだこの時点では氷をお湯に変える遊びと、容器のなかに入って落ち葉や服で覆う隠れんぼは別々の遊びとして離れた場所で進行している。

もっと隠れる遊びをやろうと思ったのか、数人の子供たちが落ち葉の入った容器の横に別の容器を運んできた【図5-35】。ある子供が焚き火のお湯の実験遊びのそばを通り、そのお湯をジョウロに入れてもち運べるようにした。これがきっかけとなり、焚き火のある場所から、離れた場所の容器までお湯をもってくることができるようになる。するともう一つの空の容器に次々にお湯を入れはじめた【図5-36】。

容器に温かいお湯といえばお風呂である。子供たちは寒い日の何もない空間に、温かいお風呂ができたことに歓喜し、何度も氷からお湯を生成し、運んで、お湯を溜める。さらに落ち葉をほうきでかき集めて風呂のなかを飾り出した。風呂の湯を泡立たせるバブルバスやお風呂に花々を浮かべるフラワーバスに見立てたような素敵なお風呂遊びになっていった【図5-37】。

ここにはいかなるアクターの連関があるだろうか。注意すべきは、人間がモノや自然という非人間のアクターを一方的に使用して遊びを組み立てているのではないということだ。多様なアクターの連関のなかで、人間にも変化が生じ、その連関のあり方によっても人間のエージェンシーは多様な仕方で発揮される。考えうる要素を書き出してみよう。

- 寒い気温
- ボート
- ボートに溜まった水
- 氷

●大きな容器
●フライパン
●お湯
●何も入っていない容器
●木の棒
●ほうき
●落ち葉
●ダウンジャケット
●ジョウロ
●焚き火

このお風呂遊びを可能にしているのは、まず何よりも寒い気温だ。この条件なしに水が氷になることもなかったし、氷が子供に対してエージェンシーを発揮することもなかった。焚き火とフライパンの存在も重要である。もっといえば、焚き火が自由にでき、火に近づいてよいという「いろは」の環境も大いに関係しているだろう。

【図5-33】
拾った氷を火にかけるとお湯になることに気がつく子供

【図5-34】
容器に落ち葉を敷き詰めてダウンジャケットをかけてみる

【図5-35】
落ち葉が入った容器と空の容器が並べて置かれる

【図5-36】
空の容器にどんどんお湯を入れはじめる

【図5-37】
容器をお風呂に見立てた遊びが生まれる

別の場所で起こった容器の隠れんぼ遊びは、前日に落ち葉を木の棒で集めて放置していたこととも連関をなしているように思われる。また小さくなって入る行為自体も重要だ。容器が子供にアフォードする意味は大人とは決定的に異なる（体の大きい大人には「入る」という行為を促さないだろう）。このような人が入れる容器に隠れるという行為自体がお風呂を連想させた可能性もある。

お湯作りの実験と、容器の隠れんぼ遊びを結びつけた重要なメディウム（媒介）となったのがジョウロであったことはいうまでもない。モノが媒介となって離れた場所に置いてある容器にお湯を運ぶことを可能にしている。また、落ち葉がなければ、隠れんぼ遊びは生まれなかったかもしれないし、お湯を入れた容器を飾ることもなかったかもしれない。落ち葉があるのは木が存在するからであり、季節が冬だったからだ。

そもそも氷を食べるという行為なしに、フライパンにのせて火にかけることもなかったかもしれないし、氷を生成させた、水の溜まったボートなしに、気温が低かっただけではこの遊びに発展していかなかったかもしれない。同じ条件で同じモノが置いてあれば、同じ遊びが生まれるというわけではない。モノ、空間、自然、人間の偶然のネットワークの連関のなかで、お風呂遊びが成立したのである。

利他とは「他」を敏感に感じ取る力が基盤にある。他なる存在がいかに活《い》かされうるかを想像し、連想する力。それを育んでゆく環境と可能にする「余白」のあるモノ。これらが組みあわさることで、お互いに潜在する力が引き出され、利他的な遊び場が生まれるのである。

4　保育スタッフのまなざし

ネット遊具の遊び

「いろは」では保育活動への参与観察以外に、運営している代表の福井希帆《きほ》さんに聞き取り調査をした。インタビューの実施日は2022年12月15日。ここまでの議論と一部重複する点もあるが、最後に「いろは」の保育スタッフが子供たちにいかに関わり、遊具や遊びをどのように捉えているかを記していきたい。

福井さんは大学卒業後、いろいろな職場を経て、2014年に岐阜県の美濃《みの》市にある森のようちえんに見学に行くことになり、子供たちのフレンドリーな雰囲気に衝撃を受けたという。寒い冬の自然のなか生き生きとしている子供たちが塞ぎ込んでいた心を溶かし、救ってくれた。

その純粋な温《ぬく》もりに触れ、自ら森のようちえんを運営する決意をしたのである。

こだわったのは毎日焚き火が当たり前にできる場所だった。私有地でオーナーが許可する場所でないと難しいが、運良く知り合いのツテを頼って現在の森を見つけた。

――どうして森のようちえんをやるのに、火が大事だったのでしょうか?

福井：やっぱり火が真ん中にあると集うし、みんな集まるとなぜかすごく落ち着くんですよ。雨が降ってる寒いときも温めてくれるし、焼いたりとかもできるし。2歳でも3歳でもマッチ擦って火をつけていいことになってるんですよ。「焚き火保育」って名前を変えてもいいくらい。それくらい焚き火が大きいんですよね。

――あの場所は坂になっていて地形が特徴的ですよね。

福井：あそこは昔は棚田やったんです。だからああいう坂の形状になっていて、奥に行くと舞台のステージみたいになってるんですよ。

2015年のプレオープンを経て、2016年4月に正式に「いろは」が開園した。手作りでいろいろな遊具が設置されているが、なかでも子供たちが大きなネット遊具で楽しそうに遊んでいる光景が印象的だった。

――大きなネット遊具が人気ですよね。たわみ具合が絶妙な感じだと思いました。

福井：いろんなネットの張り方があるんですけどね。4本の木がもうちょっと均等にあったらフラットに張れるんですけど、そういう木がないし、もちろん偶然もありますけど、一緒に見ながら、こうなっても面白くないよなとかいいながら張ったんですよね。

――公園の複合遊具のネットはピンと張っていますけど、そうはしなかったんですね。

福井：はい、すごくグラグラするようになってるんですよね。あれ、なんでか、ずっと人気が高いですね。

――上で大きい子が勢いよくグラグラ揺らして、下で小さい子がゴロゴロしてますね。

福井：そうなんですよ（笑）。お互い揺らしあって遊んでますよね。

――子供たちは意識してやっているんですかね？

福井：知っててやるときもありますけど、それ以外のときはあんまりそうでもなく、無意識やと思う。自分が揺れたいから揺れてるけど、揺らさんといてよって下からいうときもあるし、黙ってその揺れで楽しんでるときもあるし、いろいろですかね。揺らす人がおらんかったら、みんなが各々動いてるし。小ちゃい子もあの窪《くぼ》んだところで座ってるだけでキャハキャハ笑ってるなあ。行ける高さまで登ってそこから飛び降りたりとか、ブルーシートを張って秘密基地作って、なかで弁当食べて生活するごっこ遊びもやってましたよ。あんな小さい空間やけど、いろんな遊びのヴァリエーションがありますね。

これまでも見てきたように、子供を夢中にさせる遊具の特徴の一つとしてあげられるのは、自身のコントロールを超えた、予測不可能なフィードバックである。遊びの偶然性といってもいい。予測できる遊びほどつまらないものはないだろう。また自らが楽しく遊びながら、他者も楽しくなるような構造の遊具、さらには遊具が一つの遊びを押しつけることなく、多様な遊びに発展してゆける「余白」のある遊具が、子供たちを虜《とりこ》にする傾向にある。

消えゆく遊具

「いろは」にある遊具が特に個性的なのは、自然のものが何でも遊具になってしまう点である。何でもない斜面を滑り台に見立てて遊び、変化する自然の状態に応じて遊具に変えてしまう想像力。ここでは主に「長い竹の滑り台」と「山桜のジャングルジム」について、もっとも近くで見ていた保育スタッフは、どのように観察していたのかを尋ねた。

——長い竹の滑り台も夢中になってずっと遊んでいましたね。

福井：いま切り立てですごく滑るんですけど、雨風にさらされているので、日が経っていくと滑りが悪くなっていくんですよ。だんだん速度が遅くなってきて、そうしてる間に竹が緑から茶色に変わっていって、どんどんしなってきて、ヒビが入りはじめて、なんかやばいなっていいはじめてたら、ある日バキッて折れるって最後が待ってるみたいな遊具です。

——折れたら作り直したり別の遊具にしたりするんでしょうか。

福井：1本なくなって、どうしようかなっていうてる間に、子供はもう、1本間の竹がない2本だけの状態で竹に足かけて、お尻を間に入れて滑る遊びが始まったりしますね。この滑り台ってかなりバランスが不安定なんですよ。竹も1本1本太さも形も違う。右も左も違うんです。子供にとって不安定なものほど面白いっていう感じがしますね。

——いま社会は子供が求めるものと逆の方向にいってますよね。遊び方も丁寧に明記されている。竹の滑り台は、時間と共に形も変わり、不変の状態ではないんですよね。

福井：そう、形も全然違うものに変わっていきますし、質感も変わって滑りにくくなっていきます。子供もそれを日々感じてますね。だから服で調節してます。滑りにくくなったらつるつるのナイロン系のズボンに履き替えてきたり、あとカッパをわざわざ着たり。

――滑り方も見ていると本当にバラバラですよね。面白かったのはわざと途中で落ちて横の斜面になっている地面を転がり落ちていく様子でした。

福井：意味不明ですよね（笑）。どちらもあの子らにとって「滑り台」なんでしょうね。地面の状態を読んで転がっていくので、うまく受け身を取っています。

――自然のサイクルに合わせて生活し、遊びも見出していくっていうのが面白いですね。偶然、倒れてきた山桜が「ジャングルジム」になったエピソードも興味深いです。

福井：台風のあとに森に入ったら倒れてて、それを見た瞬間に子供たちがダーッて登り出して（笑）。私たち大人は感傷にひたってたんですが、子供たちは全然そんなことなくて、偶然生まれた新しい「遊具」だったんですね。遊べば遊ぶほどしなり具合が変わってきますし、桜の木って硬くて強いので、誰かが乗ってるところに他の誰かが乗ると木全体がブワッて揺れるんですよ。自分の身を守りつつ、他者の動きや自然の状態を見ながら遊ぶんで、実はものすごくアンテナ張ってるんですよね。

――結構高さはあったんでしょうか。

福井：かなり高いです。大きい子は上に行けるんですけど、ちっちゃい子は地面に近い、空洞になったところに入ったりして遊んでましたね。オーナーは処分しようとしたんですけど、子供たちがあまりにも楽しく遊ぶので。日々変化し、消滅していく感じを味わうわけですよ。それまでに花も咲いてくれたり。消滅する遊具って急になくなるんじゃなくて徐々に変化していくわけです。日本風にいうと「もののあはれ」やし、昨日いけたなっていう枝が今日踏んだらポキッて折れたりとか、そういう体験をいっぱいしてて。

――すべて自然がもとになっているので相手の変化を想定しないと向き合えないですよね。

福井：そう、それを子供も了解してるから。だから「疑う」っていうのは、悪い意味ではなくて、絶対変化があるだろうって確信しながら遊んでるってことなんですよね。でもそれが面白い部分でもあるし。

――そう考えると人間もそうですよね。不調のときもあるし、状態は刻々と変化するものです。自然の変化を感じ取る力は、他者を感じる力とつながっているように思いました。

福井：そうなんですよ。絶対つながっていると思います。

――遊びの映像を見ていると匂いに対する反応も見られますよね。

福井：そうですね。葉っぱもあるし、場所によって匂いもそれぞれの場所で違いますね。

——五感フル活用ですね。氷も、まず食べてましたし（笑）。

福井：よくやってますね（笑）。新雪のときも茶碗《ちゃわん》に入れて梅ジュースかけて食べてました。

「いろは」では何でもない空間に、子供の想像力によって突如、遊具が立ち現れたり、変化していく自然の遊具に、子供が合わせて楽しい遊びを見出したり、遊具も遊びも変化に富み、日々、想像力／創造力を発揮して過ごしている。それでは遊び場における「危険性」について、どのような認識をもっているのだろうか。

自らの限界を知ること

——公園の遊具についてどのように感じていらっしゃいますか？

福井：公園の遊具はある意味「怖い」と感じるんですよね。子供が安心しきってるっていうか、誰かが安全に作ってくれたもんやって思って完全に身を任せてしまっている。遊びを見てると、まったく確認せずに行くじゃないですか。もし怪我したり滑ったりしたら遊具が悪いぐらいの気持ちで遊んでいるように感じられます。

――森の遊びはまったく違いますよね。

福井：森はちゃんと子供が疑ってるなとか危険ってわかってやってるってのが、こっちにも理解できるから安心して見られるんですよ。公園の滑り台よりめちゃめちゃ危ない滑り台ですけどね。私は公園の滑り台で滑ってるのを見るだけでもしんどいもん。

――それはどういう感覚でしょうか。

福井：う〜ん、素材とかもあるかもしれへん。鉄とか、ああいう素材の無機質感。自然のなかの遊びだとちゃんと反応があるじゃないですか。竹の滑り台も乗ったらしなる。「俺たちこんな感じだぜ」みたいな。子供と遊具が拮抗《きっこう》してるけど、公園の遊具は基本的にないじゃないですか、そういう対話が。見ててそれが怖いかな。

――森の遊具は子供がその都度コミュニケーションを取らなければいけないですよね。

福井：森では自分の責任だよって思いながら遊んでるんですけど、公園は自分以外のせいにするっていうか、受け身の空間でしかないから怖いんです。あの森で何をやってるかっていうと、受け身の子にバシッといくんですよ。あの森は受け身でいたら「それでいいの？」「あなたはどう思ってるの？」っていわれるようなことを日々心でやってるから見ていられるけど、「絶対成り立ってるでしょ」みたいな受け身の空間に連れていかれると、私たちの心が怖いって思っちゃいますね。

――山登りや沢登りでも、ものすごく神経を使って足場を確かめながら進んでいるのがわかりました。

福井：そうですね。子供たちは自然とコミュニケーションを取ってるし、それを見てる私たちも子供たちとコミュニケーションが取れてるし、だから安心感があるんでしょうね。それが公園の遊具になると見えなくなるんでオロオロしちゃうのかもしれません。

――「いろは」では、子供の遊びに保育スタッフがどのように関わっていますか？

福井：大人が手を出さないというのが鉄則なんです。なんでかというと、それをすると子供はもうそっちに助けを求めてくるんですよ。それをやってたら体幹はつかないし、むしろ感覚麻痺《まひ》になってしまって山の斜面なのに立とうとしたりとか、変なことが起きてしまいます。だから触れない。でもその子がもし落ちてきたりしたらあかんから、あと１㎝のところで心も体もピタッとくっついてる感じですね。

――基本的には手助けはせずに見守るということですね。

福井：そうじゃないと子供が自分の限界を知れないんですよ。もっと行きたいけど、ここまでしか無理やっていう限界の感覚がいつまでもわからなくて、諦められないし、心にも決着がつけられない。体も自分がどこまで行けるのか、手伝ってもらったためにわからない。だから次も行こうとする。前も行けたもんって。それで前は行けたのにって心がわーってなったり、無理矢理行って転落したりとか。何もいいことがないです。

――危険なことを体感させるのが大事なんですね。

福井：危ないものは遠ざけると逆に危ない。近くにあってその危険さを体が実感しているほうが危なくないんです。だからうちでは誰でも火を使っていい。結構ちっちゃくても山登りなんかは、自分で行けるか行けないか判断してますね。しばらく泣いてても無理だと納得したら降りていきます。恐怖の気持ちとか孤独な感情とか嫌な予感とか、それを全部もってほしいんですよ。いまそれを退けようとする社会になってるじゃないですか。それをもっていたらすべてに役立つはずです。災害とか人間関係とか。自分の限界を知ることで人と比べなくなると思う。だから山登りだけで人生を学べるんですよ。

――いまの社会では、負の感情はなるべく遠ざけて、親が手取り足取りやってあげることが多いと思います。

福井：年少の子が山を登ろうとすると、やっぱり途中で限界があるんですよ。泣いて手伝ってって喚《わめ》く子もいます。でも絶対手伝わない。そしたら子供は納得して諦めるんです。でも次の日からちょっとずつ1㎝でも先に行けるようにトライして、年長になったら絶対に登れるようになってる。そのときの達成感、自己肯定感につながる感覚を味わってほしい。手伝ってもらってできた経験は、その子をダメにすることもあるし、危ないですよ。諦める勇気って大切で、それは自分の限界を知るっていうことなんです。限界があるのがあかんことじゃないっていうことを、他の子も尊重してますよ。

――沢登りや山登りを観察していて、できない子がいても他の子がじっと待ってるのが印象的でした。スタッフも含めて「待つ時間」がとても長かったように思います。

福井：沢登りするときに、うちの子はこの石がぐらつくかなって予測して踏み出すから、その先に踏める場所をチェックして一歩目を出すんです。すごい子は将棋みたいに三手先くらいを見てるんですよ。自然はいいものだとか癒やしだとか、そんな世界で生きていないんで。自然は厳しいものだし、恐ろしくもあるし、疑ってかからないと命取りになりますから。あの生活をしてると、自分らが自然に合わせるしかないってことを叩き込まれるんですよ。

――そういった過酷な状況で生活することが、子供たちの成長につながるのでしょうか。

福井：たとえば雨でも外遊びしますけど、「あぁ、雨か……」ってそれだけのことで不自由になってしまうんじゃなくて、カッパとか快適に過ごせる装備、身のこなし、遊び方、心を変えたら全部プラスになるよねって。自分の身のこなしを変えることを日々の遊びのなかでやってると絶対に人間関係にも活かされるんです。人を無理矢理変えようとしなくなるというか。相手を自分の思い通りにするのではなく、すごく他者のことを観察するんですよね。自分の工夫でいろんなことに対処できるってことを学んでいるんですよ。

――観察力がすごいなと思いました。単に相手がいっている言葉の情報だけじゃなく、何を求めているのかっていう周囲の状況まで鋭く見ているのがわかります。

福井：そうですね。すごくアンテナを張って観察してるんですよね。やっぱり「斜面」「揺れ」「不安定」「不規則」っていう思い通りにならない要素が大事なんだと思います。

――自然っていうものがまさに「不規則」で「不安定」ですよね。

福井：そうそう、毎日あの子たちは森に来るとまず様子を見ます。「嫌な予感」がすると森の奥に行きたがらないですね。最近この「嫌な予感」が働いている子も少ないなって思っていて……。相手が自然であっても他人であっても、自分以外の存在への想像力をいかに働かせるかって重要じゃないですか。それを日々養っているんだと思います。

危険性を排除するのではなく、むしろ身近に体感させること。それによって自らの限界を知ること。前章で「はねぎ」の「大すべり台」に関して、柵をつけると頼ってしまい、むしろ危ないという話があった。だからつけないで、危険な感覚をもってもらうことを重視していた。階段をつけない理由も、体が対応できないのに登れてしまい、落下したら受け身も取れず、むしろ危ないからと考えられている。これも危険を身体感覚的に味わって、限界を知るということに直結するだろう。危険性に関して両者はきわめて近い教育理念をもっている。

「いろは」の山登りや沢登りは、危険と隣りあわせで、いつ転落したり流されたりするかわからない。安全管理が行き届き、リスクを恐れる現代社会において、こういう「崇高」な体験をする子供はかなり少なくなっている。

「崇高」とは、美学の理論において「美」と対比される概念である。よく知られているのがカントの『判断力批判』における崇高論だ。調和や均衡によって「快」の感情を引き起こす「美」に対して、スケールの大きいものや人間には抵抗不可能なものを目の当たりにしたときに「不快」の感情を引き起こす。

たとえば、荒涼とした大地や険しい山、荒れ狂う海など、無秩序で戦慄《せんりつ》させるようなものを

「崇高」と呼び、特に18世紀中頃のエドマンド・バークからカントまで盛んに議論された。本書では、調和的に把握できる遊びに対して、そのフレームを逸脱し、脅威を感じさせるものを遊びの「崇高」と位置づける。

身の危険を感じつつ、安全な距離が担保されているということが重要で、しばしば「対岸の火事」が例としてあげられるが、前章で述べた「安全な危険性」を体感させるものが「遊びの崇高」だといえる。

子供は一般的に安定を求める。だが、遊びにおいて、ただ調和や安定しかないのはつまらない。不安定な緊張状態から安定へと絶えず推移するダイナミズムにこそ、遊びの本質があるのである。

したがって、子供の山登りは「崇高」なる体験を経て、安定へと移行するリズムで成り立っている。恐怖・緊張・不安から安堵《あんど》・弛緩《しかん》・安定への反復は、遊び全般に本質的に求められることだといえるだろう。

「余白」のある遊具

子供たちの遊び方を見ていると、実に多様な遊びを生み出していることに驚かされることが多い。お風呂遊びのように、いろいろなモノが結びついて、想像もしなかったような遊びが作られていく。

また「いろは」に設置されている遊具も、通常の遊び方以外の使われ方をしていることが多いように思われる。ここでは遊具の「余白」について見ていきたい。

——牛乳箱のブランコもよく遊んでいますが、どんな遊び方をしているのでしょうか？

福井：今年度できたブランコであれも人気です。お孫さんがまだ1歳の女の子の森のオーナーが、ブランコに乗ってても落ちなくて、なんなら眠たくなって寝てしまっても落ちないようにこんなん作ってんけどどうかな、みたいな感じで。

——まさにいま増えているインクルーシブ遊具みたいに囲われた作りになっていますね。

福井：そうなんです。2歳とかの子は単純に乗ったりしてるんですけど、それ以外に心が疲れたり体が疲れたりして、みんなを感じつつ一人になりたいときにパッと行くんです。

——あの箱型のブランコはやたら回転させて遊んでいる子供が多いですよね。

福井：そうでしょ。自然のなかで遊ぶんで過度な緊張の場面っていっぱいあるんですよ。「山に行ってきたよ。めっちゃ楽しかったけど、めっちゃ怖かった」っていって、このドキドキをどこに放てばいいんやろうって子とか、興奮状態になった子が、ああいう揺れて回る系の遊具に行ってますね。

――一人でじっと乗っている子が多くて、通常のブランコの「遊び」とはまた違った印象を受けました【図5-38】。

福井：あのブランコはわーってみんなが寄っていく遊具じゃないんです。だから気持ちが整ったらみんなのところに戻っていくんですよ。ネット遊具の揺れ方とも近いんですけど、規則正しい揺れじゃないっていうか、自分でこう揺れたいっていうのができない。自然に身を任せてるって感覚というか。子供ってやっぱり決まった動きじゃないものを求めてますよね。

――精神を癒やしたり、体を整えたりする場所が遊び場にあるのも大事ですね。

福井：精神不安定になってしまった子とかが、ああいう揺れたり回ったりするものに乗って寡黙に続けてることが結構あります。パニックになる子がいて、わーってなったときに揺れておいでって促してました。それで揺れると落ち着く。それがわかったら、しんどくなったときに自分で行って、落ち着くと遊びに帰っていってくれるようになりました。ネットでもブランコでも、とにかく揺れてますね。

【図5-38】通常のブランコの遊びとは異なる使い方

――いまの公園にある遊具って遊び方が定められたモノばかりじゃないですか。子供もそれにしたがって遊んでいることが多いですが、ここは真逆だと思うんです。

福井：子供たちの遊ぶモノには余白が必要なんですよね。余白のあるモノを置いておくほうが子供が喜びます。100通りくらい遊びを作り出せるんで。

――最近の公園では遊び方がわかりやすいものが溢れているように感じます。

福井：モノがありすぎるのもよくないんですよね。やっぱりモノがあるだけで遊びが決まってしまう。それは面白くないなと。子供らはなかったらなかったで何かもってくる。考える力がそこで発揮される。私らでは考えつかへんことをしてくれる。それが見たいっていうか、面白いなと思ってて。だから便利なモノばかりを置いておかないっていうのが大事だなと思います。

——遊び方が決まっていない、ただの容器とかがたくさん置いてあって、最初に「いろは」に来たときに、これは何の遊びに使うんだろうと思うモノが多かったです。

福井：「何に使ってるんですか？」って聞かれましたね（笑）。お風呂にもなり、洗い物をする場所にもなり……水遊び場とかプールっていってる子もいるし、お母さんたちは洗濯してるし。だから「見立てる力」っていうのは、きっと日常で育ててるんですよ。

——最後に「いろは」にとっての遊具って何でしょうか？

福井：遊具で心が育つっていうことです。もちろん体の成長もありますけど、最終的には体だけではなくて心を育ててるんです。そもそものスローガンが「遊ぶ＝学ぶ」なんですよね。それをさらに豊かにするのが、遊具であり山の斜面であり枝や葉っぱであって、体も心もつながってるし、人間関係にも使っていける。

幼児の遊びを研究するキャサリン・ガーヴェイは、子供が「ごっこ遊び」を覚えたあとは、あまりリアルではないモノのほうが、その遊びを容易にするという。

子供がごっこ遊びのやり方を学んだ後では、あまりリアルではないモノのほうがごっこ遊びを促進するように見える。現実味を欠くモノのほうが、子供にとって臨機応変にそれらのモノを変換させる創意工夫や想像力を働かせる余地を与えることができる。したがって、熟練したごっこ遊びの達人は、大きな段ボールを、家族の家、砦の塔、洞窟、貨物列車の車両、魔女の小屋など自由に変身させることができるのである。*5

「幼稚園」を作ったドイツの教育学者であるフリードリッヒ・フレーベルは、創造的な遊びを育てるために、正しい教育玩具を与えることが重要だと確信していた。彼が発明した遊具（恩《おん》物《ぶつ》）は幼児の能力を、発達の段階に応じて発展させることが目指されていた。

フレーベルは幼児が小石を見つけて遊ぶ様子を細かく観察し、小さな板にこすりつけて色を出す性質を発見したこと、石灰や粘土や白墨によって板の表面が一変すること、いろいろな形が円となり頭となり、線が手となり指となること、こうしたまだ知られていなかった性質が次々に発見されることが幼児を喜ばせていく様子を描写した。このようにして創造しつつある子供に「新しい世界が、かれの内と外とに現われてくる」のだ。*6

幼児とモノは関わりあうことで、お互いの性質を引き出しあうことになる。だが、このモノが遊びを規定する存在なら、多様な潜在能力を引き出すこともないだろう。遊具の「余白」とは、言い換えれば、子供に遊び方を強要しないということである。むしろ、固定的な意味を与えることなく、曖昧に存在していなければならない。

ここまで「いろは」の遊びの実践を見て、まず認識させられるのは、中心にあるのが人間ではなく自然である点だ。もちろん、自然の遊具には手が加えられているものもある。けれども、その自然の移りゆく変化を制御するのではなく、ありのままを受け入れ、人間のほうが歩み寄っていく遊び方は、それだけで自然に対する利他的な精神だといえるだろう。

自分本位な考えから脱して、他なるものを歓待する力は、人間力を涵養《かんよう》し、他者との共生にも必要になる。他者を想像する力は、まず他者のことをよく観察することから始めなければならない。

利他が生まれるには、その空間があるだけではなく、やはり人間の主体性が必要である。それは「いろは」の遊びからもわかる通り、他者のことをよく観察し、傾聴することにほかならない。

註

＊1　今村光章編著『森のようちえん――自然のなかで子育てを』解放出版社、２０１１年、24頁。
＊2　ロジェ・カイヨワ『遊びと人間』多田道太郎・塚崎幹夫訳、講談社学術文庫、１９９０年、60、１３２～１３３頁。
＊3　レイチェル・カーソン『センス・オブ・ワンダー』上遠恵子訳、佑学社、１９９１年。
＊4　若松英輔『学びのきほん　はじめての利他学』ＮＨＫ出版、２０２２年、23～24頁。
＊5　Catherine Garvey, *Play*, Harvard University Press, 1977, pp. 45-46.
＊6　フレーベル『人間の教育（上）』荒井武訳、岩波文庫、１９６４年、95～96頁。

第六章　遊学論

——空間を組み替える

1　遊びと歓待

カイヨワの遊び論

遊びの研究は膨大にあり、よく知られたものとしてあげられるのは、オランダの文化史家ヨハン・ホイジンガとフランスの社会学者ロジェ・カイヨワの著書だろう。その後、フランスの哲学者ジャック・アンリオによる書物も刊行され、現代ではスペイン出身でゲーム研究や哲学をバックグラウンドとするミゲル・シカールの『プレイ・マターズ』も読まれている。

それぞれ文化史的なアプローチのホイジンガ、社会学的なアプローチのカイヨワ、現象学的なアプローチのアンリオ、哲学的なアプローチのシカールと、かなり視点は異なっている。

ホイジンガは1938年に『ホモ・ルーデンス』を刊行し、人間の生活がいかに遊びによって規定されているかを、芸術、宗教、文学、哲学、言語、法律といった領域を横断しながら浮かびあがらせ、すべての文化的現象を基礎づけている遊びの役割を見出した。ホイジンガは文化が遊びの形式のなかから生まれたのだと主張し、「人間は遊ぶ存在である」と論じた。

カイヨワは、1958年に『遊びと人間』で、さまざまな遊びを分類した。ジャック・アンリオは、ホイジンガやカイヨワの遊び論を批判し、分類する前に、そもそも何かを遊びと認識すること自体の意味を問う『遊び』という理論的な書を1969年に刊行。シカールは遊びの特性とは何か、なぜ遊びが重要なのかを問う『プレイ・マターズ』を2014年に刊行した。

本書にとって重要なのは、ホイジンガを批判的に乗り越えようとしたカイヨワの遊びの分類である。カイヨワは、遊びを、アゴン（競争）、アレア（運）、ミミクリ（模擬）、イリンクス（眩暈）に分類し、遊びによってそれぞれがどのように組みあわされるかを論じた。さらに遊びをカテゴリー化するだけでなく、これら四つを二極に分類する別の軸を導入する。それがパイディアとルドゥスである。

前者は、喧噪《けんそう》、即興、無秩序、遊戯といったもの、後者は、規則、方法、秩序、競技などで、パイディアの要素が増加するとルドゥスの要素は減少する。たとえばパイディアの要素が多いアゴンは取っ組みあい、アレアは鬼決めのジャンケン、ミミクリは空想遊び、イリンクスはブランコなどで、ルドゥスに近づけば、アゴンはスポーツ競技、アレアは宝くじ、ミミクリは演劇、イリンクスは空中サーカスなどになる。

ホイジンガは、カイヨワがあげた遊びの重要な要素である「運」と「眩暈」を見落としてい

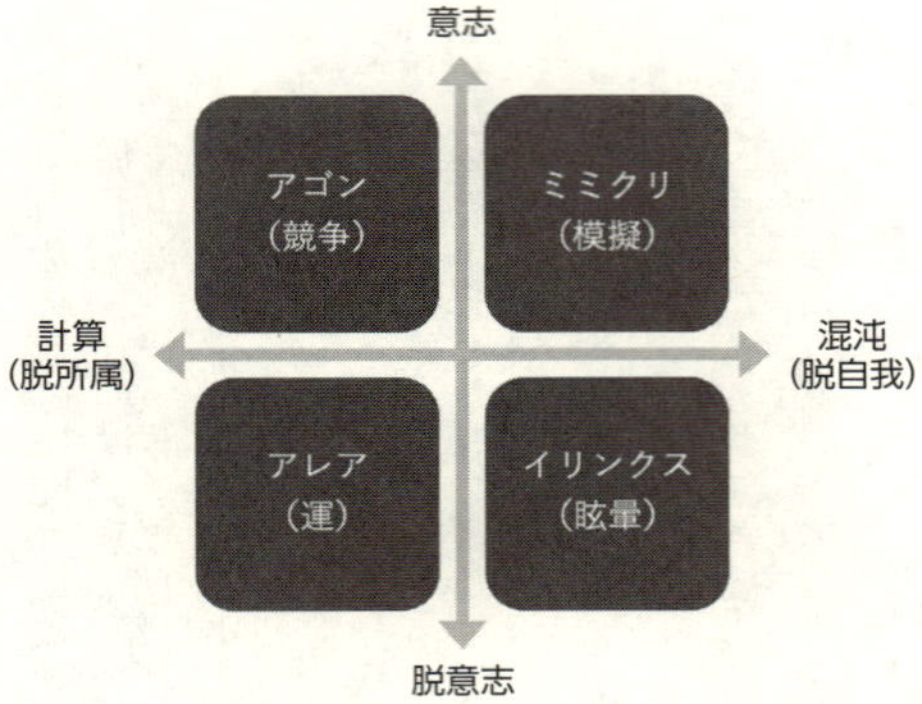

【図6-1】カイヨワによる遊びの4分類を『遊びと人間』の翻訳者・多田道太郎が作田啓一の説を参照しながら図式化したもの

た。特に子供にとって、カイヨワの独創的なカテゴリーといえる「眩暈」は、なくてはならない要素だ。しかしながら、第二章で確認したように、現代社会は遊び場から危険性を取り除き、計算可能なもので埋めつくし、陶酔や混沌《こんとん》を体感させる「眩暈」の遊びを奪っている。

カイヨワによれば、文明への道は、「模擬＋眩暈」の組みあわせを除去し、代わりに「競争＋運」を上位に置く。カイヨワ自身の用語を使えば、これは「混沌の社会」から「計算の社会」への変化である。翻訳者の多田道太郎は社会学者の作田啓一を参照しながら、カイヨワの四つのカテゴリーを四象限で図式化し、興味深い分類を施している【図6-1】。

作田によれば、カイヨワの「競争」と「運」

は平等（脱所属）の遊びであり、「模擬」と「眩暈」は脱自我の遊びである。繰り返しになるが、カイヨワは近代社会への道筋を、「模擬＋眩暈」（混沌／脱自我）→「競争＋運」（計算／脱所属）への移行に見出していた。けれども、子供の遊びにおける創造力や利他の契機を考えたとき、むしろ重要なのは「模擬」と「眩暈」のほうだろう。

ごっこ遊びに代表されるミミクリ（模擬）は、他者を演じたり虚構を想像したりすることであり、見立てる力や「他」なるものを想像する力を養う。イリンクス（眩暈）は、戦慄するような崇高体験を全身で味わったり、危険性を通じて自らの限界を知ったり、ときに興奮した身体を整える力にもなることがフィールドワークやインタビューから明らかにされた。

遊びにおいて自分の限界まで挑戦して達成感を味わうために、眩暈体験はなくてはならない要素だといっていい。これまでの調査を踏まえて考えると、脱自我が根底にあるミミクリとイリンクスにこそ、利他へと通ずる道を切《き》り拓《ひら》く可能性があると思われる。それでは「計算の遊び」から「混沌の遊び」を取り戻すには、どのような遊び手となればよいだろうか。

遊びのモード

本書では意識的に空間や遊具の構造にフォーカスして議論を進めてきたが、もちろん、遊び手の主体性も抜きには考えられない。子供や大人が遊びをいかに捉え、どのような態度で遊び場に身を投じるかによって、遊びはまったく違ったものになるだろう。

序章で述べたように、「プレイ」は「エンターテインメント」などに見られる「消費」とはかけ離れた行為である。だから、いかに効率よく遊ぶかといった思考や、どのように管理すれば公平に遊べるかといった発想は、子供の遊びの本質に根本的にあっていない。子供それぞれ身体能力も趣味嗜好も異なっているからだ。

いま、暇や退屈とうまく付きあえない子供がたくさんいる。生まれてすぐにスマートフォンやタブレットを子守り代わりに与えられてきた子供は、能動的に遊びを生み出すのが苦手になっているという。暇と退屈は想像力／創造力の源泉であり、退屈な時間と日々向きあうことによってこうした力は育まれる。したがって大人がやるべきことは、ひたすら「待つ」ことといってもいいかもしれない。

何かが子供から能動的に生まれてくるのをじっと待つ——。子供から暇や退屈を奪ってしまうのではなく、創造性のために放っておく。そこで与える遊具や玩具は、画一的な遊びを規定するモノではなく、余白があり、インスピレーションを刺激する存在であるほうがよい。

子供がコミュニケーションを取りながら自分の力を引き出せる遊びの環境を代表するのが

「自然」である。穴を掘り、虫を捕まえ、川を作り、木にぶら下がる。自然は遊び手の行為によって変化する。子供の遊び表現を、自然は全体で受け入れてくれる。

自然のものや、余白のある遊具は、資源が限られているからこそ遊び手の創造力を引き出す。たとえば、大人の山登りは通常、頂上を目指して登ってゆく。だが、「いろは」の子供の山登りは、スタートからゴールまで最短ルートでいくのではない。寄り道をし、虫を見つけ、落ち葉を集める。その都度、偶然出会ったものから遊び＝学びが立ち現れる。

大人の目線で森を探索するのではなく、子供の視点で進むこと。自然の変化やリズムを体感すること。非合理で非効率的なことを味わう時間を大事にしなければならない。子供の視点は大人には一見理解できないこともある。だが、大人のルールを押しつけるのではなく、子供の欲望を受け止めることが大事だ。そして自然の不規則な変化やリズムに耳を傾け、その可変性を味わうことを意識しなければならない。

遊び手が主体として意識できることは、「歓待」のモードであろう。遊びのなかで自然、遊具、虫、動物、人間を受け入れること。それは「寛容」とは違う。哲学者の國分《こくぶん》功一郎は、ピエール・クロソウスキーの『歓待の掟《おきて》』（1965年）を読み解きながら、「歓待」と「寛容」の違いについて次のように述べている。

歓待とは他者を受け容《うい》れることによって、受け容れる側も受け容れられる側も変わること
である。それに対して寛容はまさしく無変化によって定義される。つまりそれは自分を維
持しつつ他人を受け容れることです。それは寛容の原語が tolérance つまり「我慢するこ
と」であるということからも明らかです。16、17世紀の場合でも、自分と信仰が合わない
人間がいても、その存在を我慢していた。我慢するということは他者には触れず、したが
って他者が変わることもないし、自分が変わることもない。〔……〕歓待では相手を受け
容れることによって自分が変わってゆく。寛容では単に相手に触れず、我慢をする。*1

「寛容」（tolerance）と「歓待」（hospitality）――前者が、我慢して変化しないことだとすれば、
後者は他者を受け入れて自分が変わっていくことである。遊びにおける歓待のモードは、相互
に利他的な関係を築く契機となるだろう。

ケアとしての利他を論じる伊藤亜紗は、他者の潜在的な可能性に耳を傾けるケアには必ず意
外性があり、「よき計画外の出来事へと開かれている」という。よき利他には「他者の発見」
があるのに加えて「自分が変わること」が含まれている。他者と関わる前と後で自分がまった

く変わっていなければ、その利他は一方的である可能性が高い。すなわち、「他者の発見」は「自分の変化」の裏返しなのである。[*2]

他なる存在を我慢して変容を拒む「寛容」ではなく、他なるものを受け入れつつ、自らの変容を肯定する「歓待」を目指すこと。私たちはこうしたモードを意識したうえで、利他的な遊びが生起する場や遊具を、いかに作り出すことができるかを考えなければならない。

2　遊具の利他性

遊園地化する公園

２０２０年４月、緊急事態宣言が発令されて自粛生活が始まると、私は人がいない時間帯を選んで、小学校・保育園に行けなくなった子供たちのありあまるエネルギーを発散させるために、毎日のように公園に連れていって過ごした。

社会と隔離され、小さな部屋で家族が過ごす日々。公共交通機関を避け、車で毎日いろいろな公園を巡ることになった。なるべく広い、豪華な遊具がある公園を探しては、連れていって遊ばせた。ところが、いくら大きく豪華な複合遊具があるところでも、公園によっては一通りやると飽きてしまう。

どうして豪華な大型遊具ではダメなのだろうか。遊具の種類や配置によって、まったく遊びが展開していかない公園もある。最初はそのスペクタクルに魅了され、勇んで飛び込んでいく子供たちだが、ひとしきり遊んだら飽きてしまうことが少なくなかった。いったいなぜか。

その疑問がずっと心にあり、さまざまな公園の遊具と子供の遊びを観察してまわった。もちろん、謎がすべて解き明かされたわけではないが、おおよそのパターンは把握できるようになった。まず、いくら豪華で大きな遊具であっても、画一的な遊び方を押しつけてくるような遊具は、すぐに子供が飽きてしまう。

遊具の機能だけではない。本書でさまざまな事例を見てきたように、気候や地形やモノの配置、空間の使い方など、いろいろな要素が絡まりあって公園の楽しさや魅力が決まる。遊具はそのポテンシャルを最大限に発揮し、子供の遊びが単調にならず次々に生み出されているか、公園の空間・環境、子供が相互にその存在を活かしあっているか、そういったモノと人と空間のどれもがお互いに存在を活かしあわなければならない。このような多孔的な環境を創造できれば、公園はもっと魅力的な場所になるだろう。

けれども、こうした発想は、遊びの空間を機能的なモノで埋めつくしてしまいがちだ。「足し算」のやり方よりも、むしろ大事なのは「引き算」の発想である。それは遊びを与えるのではなく、子供から引き出すような空間の設計といえるだろう。建築家の青木淳《じゅん》は、子供たちの日常的な遊び場だった「原っぱ」と「遊園地」を対照させ、次のように記している。

こういう原っぱが、子供たちにとって、日常的な絶好の遊び場だったことは、とても意義深いことだ。子供たちは、本能的に、原っぱを好んだ。それは、野球をしに行く場所ではなかった。ドッヂボールをしに行く場所でもなかった。なにかの目的をもって行く場所ではなく、ともかくそこへ行って、それからなにをして遊ぶかを決められる特別な場所だった。原っぱそのままで楽しいのではない。そこでは、毎日のように新しい遊び方が開発されていた。風邪をひいて、二、三日行けなかったりすると、もうみんなが遊んでいるルールがわからなくなってしまった。

子供たちは、いくらでも、原っぱを使った新しい遊びをそこから引き出すことができた。原っぱの楽しみは、その場所での遊び方を発明する楽しみであり、そこで今日何が起きることになるのかが、あらかじめわからないことの楽しみだった。[*3]

ここでは空間への関わり方が自由な「原っぱ」に対して、「遊園地」は対極にあるとされる。それは演出され、どういう楽しさが得られるか逆算して作られている。つまり遊園地は、関わり方の自由が少なく、ジェットコースターにはジェットコースターとしての遊び方以外は許されていないというのである。

この話は、子供の遊び方を規定してくる公園と、自由に空間や遊具に関われる遊び場との関係にもあてはまる。いま現代社会に起きているのは「公園の遊園地化」という事態である。「原っぱ」は目的があって集まる場所ではなかった。何が起こるかわからないワクワクがあった。新しい遊びを発見する未知なる期待があった。

これは第四章の「はねぎ」のリーダーハウスから帰れなくなる理由の、自分がいないときに面白いことが起こるのが嫌だったという感覚と通ずる。いま、そのような遊び場がどれくらいあるだろうか。ここでは遊び場のフィールドワークを踏まえて、利他的な遊びの空間とはいかなるものか、利他的な遊具とはどのようなものかを構想したい。

モノと身体の関係

モノと人間の関係は歴史とともに大きく変化してきた。これは遊具と身体という関係性を超えて、広く私たち人間と社会に関わるテーマだ。ジョージ・リッツァの『マクドナルド化する社会』が1999年、ローレンス・レッシグの『CODE』が2001年に翻訳され、[*4]日本でも東《あずま》浩紀《ひろき》らを中心に2000年代に、アーキテクチャの権力論が盛んに議論された。

しばしば例としてあげられたのがマクドナルドの「硬い椅子」だ。利用者の回転率を高めるために強制的にではなく、自分の意志で席を立って出ていくように環境によって管理すること。ミシェル・フーコーがパノプティコン（一望監視施設）を用いて論じた、近代を成り立たせる「規律訓練型」という権力の形式に、ジル・ドゥルーズは「管理型」という新たな形式を対置した。

これを受けて東浩紀は、「規律訓練型権力」から、東が「環境管理型権力」と呼ぶ現代的な権力の形式への変遷を描いた。[*5]前者は規律（まなざし）の内面化を前提としているのに対して、後者は法や規範ではなく、環境（アーキテクチャ）によってコントロールする。ここでは、もはや人間の理性は信用されていない。

ホームレスが寝られないようにデザインされた公園のベンチは、「環境管理型権力」の最たる例だろう。言い換えれば、それは「利他」と真逆のベクトルをもち、人を排除するモノとして私たちの生活空間に溶け込んでいる。

自発的な意志にもとづく行動と思わせつつ、物理的な空間の布置やモノの形態が、身体に直接的に働きかけることによって社会を成り立たせようとする新たな権力の形式。こうした環境が身体を管理する社会に、排除の論理はあれども利他が発動する可能性はきわめて少ない。

モノの形状がいかに身体の動きに作用するかをごく身近な例から見てみよう。公園に置いてあるベンチには、現在さまざまな形状のものがある。一般的な長方形のベンチと、そうではない形状のベンチは、利用者にどのような意味をアフォードしているだろうか。

何の変哲もない、どこにでもあるベンチは、だいたい2~3名がけになっており、一人が座っていると、隣に座りづらいのではないだろうか。実際、公園ではそのような光景によく出くわす。服やバッグを置いて席を占有する様子もしばしば見られる【図6-2】。このベンチは手すりが間に取りつけられ、排除アートのように寝られないようになっている。

モノの形状だけで人間を排他的に動かす機能がある。その一方、他人同士でも自然と引き寄せる形もある。他者との距離が近く、座る向きが四方八方に開かれているベンチはどうだろうか【図6-3】。このような形状だと、知らない者同士でも同じベンチをシェアして利用している姿をよく見かけるだろう。他者の存在を身近に感じつつ、それほど不快ではない状態で座ることができる。

モノの形が、人間同士を排他的に動かしたり、独占的に使用させたりすることもあるが、その一方で、他者を迎え入れ、包摂するように存在するモノもある。当たり前のことだが、遊具の利他性を考えるとき、モノの形はきわめて重要である。このようなモノの構造や形が、身体にアフォードする意味の視点から、子供との関係を考えてみたい。

【図6-2】一般的な形状のベンチは、形が排他性を醸し出す

【図6-3】手すりが曲がっていて座る向きも異なるベンチは、他者との距離が近いながらも不快ではない

遊具の利他的な構造

ここで二つの回転遊具を比較してみよう。一つは地球儀型の球体を旋回させて遊ぶ回転ジャングルジム（正式名称：グローブジャングル）【図6-4】。もう一つは、穴の空いた円形のものを旋回させて遊ぶドーナツ型遊具（正式名称：スーパーノバ）【図6

【図6-4】昔から子供に人気の回転遊具「グローブジャングル」

【図6-5】穴の空いたドーナツ型の回転遊具「スーパーノバ」

-5】。同じ回転遊具でも子供たちの遊び方や動き方はまったく違っている。

「グローブジャングル」は昔ながらの人気の高い遊具で、学校の校庭や公園に設置され、子供たちに長年愛されてきた遊具である。かつてはスリルのある回転塔などの遊具が散見されたが、すでに見てきたように、事故のリスクもあって撤去されることも増え、激減している。とはいえ、子供にとっては、とてもスリリングでワクワクする遊具であることは間違いない。

仙田満が遊具において重視すべきという「めまい的あそび行動」が堪能できる代表的な遊具だといえるだろう。観察にもとづいて、グローブジャングルの遊具としての特徴を描出してみたい。この遊具は、内／外が明確に境界づけられているのが形状としての特徴だ。内側で回されるか、外側で回すか。一人で回してから飛び乗ることもできるにせよ、一般的に回す人／回される人にわかれて集団で遊ぶ。

親が小さい子供を乗せて遊ばせる場合は、子供が求めるスピードを適度に調節できることが多い。だが、同年代の子供たちで遊ぶと、たいてい回す人は速度をあげて目一杯回し、旋回する「眩暈体験」のスリルを楽しむ一方、両者のバランスが一致せず過剰に回しすぎると「もうとめて！」と叫んだり、泣き出したりする光景も見られる。

回される人は怖くなって降りようにも、スピードがつけばなかなか降りられない。ときに回される人の怖がる様子を見て、回す人が楽しむことさえあり、悪ふざけが過ぎると、遊びが楽しく継続できない。回して内の人を楽しませる利他的な遊びが、利己的な遊びに反転するリスクもある遊具だといえるだろう。

もう一つ、この遊具の特徴として、他のグループに排他的に作用する側面があるという点があげられる。あるグループが遊んでいると、その形状と機能からか、途中からこの遊具に入りづらいらしく、別のグループは順番を待つことが多い。すなわち、グループ単位で見た場合、このような回転遊具は、見知らぬ人同士を結びつけるというより、人びとの関係の可能性を「切断」する傾向があるように思われる。

それでは、同じ回転遊具でもドーナツ状の「スーパーノバ」はどうだろうか。あまり知られている遊具ではないので、まずはどのような遊具なのかを説明しよう。リングに座ったり立ったり、抱きついたりしながら、リングを回転させて遊ぶものだが、ポイントは輪が傾斜した状態になっている点だ。したがって、このバランス遊具は、重力によって回転に独特なリズムを生み出す。

興味深いことに、観察していると、誰かが遊んでいても、他のグループがスッと乗って一緒に遊ぶことがある。おそらく入りにくい形状ではない点に加え、回転の遅さも関係しているように思う。そもそもこの遊具は重くて回すのにはそれなりに力がいるため、一人で遊んでもあまり楽しむことはできない。

だから複数人で乗って、入れ替わり立ち替わり、回しては乗り、降りては回す流動性が子供たちの動きには見られる。かなり押す力が必要なので、疲れるとまたがり、誰かが乗ると動きを途絶えさせないよう他の子供が降りて回しはじめる。いわば、この遊具に関わる子供たちの協働的な力によって、この遊具の遊びの楽しさが成り立つ。

先述したように「グローブジャングル」は回っているときの速度がかなりあり、閉鎖的な形状も踏まえると、遊びの途中で別の集団が入ることは難しく、別のグループ同士が関わりあうことが少ない。ある意味、遊具の占有と排他性を生み出すことさえある。一方、「スーパーノバ」の形状と運動は、知らない子供同士を難なく引き寄せ、言葉を介することなく助けあったり、楽しませあったりしながら心の交感が行われている。

この遊具が好まれる要因として他にあげられる点が、丸みを帯びた形と絶妙な横幅だろう。遊んでいる様子を見ていると、小さな子供たちはこの遊具にうつ伏せになってしがみつく。足と手を使って抱きつき、遊具と一体になった状態で眩暈体験を全身で味わっているのだ。「スーパーノバ」での遊びからは、この遊具のもつ利他的なポテンシャルの高さが窺える。「斜め」に設計されている点も重要である。斜めの形状による重力の作用によって、力を入れる箇所と抜く箇所があり、意志的に「動かす」ときと勝手に「動く」ときがある。「グローブジャングル」は外の人が意志をもって能動的に「回す」遊具で、内の人は受動的に「回される」。その一方、「スーパーノバ」はこの二項対立がきわめて曖昧だ。自分が楽しむために上に向かって遊具を押す行為が他人の享楽になっていたり、全身で抱きついて重力にしたがって下降する行為が、意図を超えて回す人の助力になっていたりする。

要するに、回していると思っていたら、いつの間にか回されていたり、回しているはずが、思いがけず回っていたりする。いわば「動かす」(能動)/「動かされる」(受動)の中間にある

「動く」が絶え間なく遊びに介入するのである。

その中動態的な遊びのありように、おそらく遊びの利他性が潜在しているのではないか。自らの楽しさのために動かす行為が、思いがけず別の人の楽しさになっている。まさに議論してきた空海の「自利利他」の遊びが見出される。この遊具の形状と機能には、他者を迎え入れる包摂力があり、利他的な遊具のヒントがたくさん詰まっているように思われるのだ。

利他遊具の条件

本書における遊具の利他性とは、遊び手と遊具、あるいは遊具を媒介とする遊び手たちが、相互にポテンシャルを引き出しあう関係を築けるかどうかにかかっている。

遊具が遊び手に一方的に画一的な遊びを強要するのではなく、遊び手が自らの潜在能力を発揮して、遊びの歓びを味わうこと、逆に遊び手はモノの多様な側面を引き出してその存在を活かしているかも重要な要素である。

そのように考えたとき、遊び手を縛らない形状が重要であり、たとえば何度も出てきた「斜面」は考察に値するといえるだろう。

かなり前の「朝日新聞」(1975年4月30日朝刊)に、「こども遊具展」に関する記事が掲載されている。そこでは「単純な斜面だけでも大喜び」という見出しがつけられ、工業デザイナー（石井賢康）へのインタビューを含め、次のように記されている。

たとえば、コンクリートを十分に研ぎだした大斜面。ふつうの滑り台とちがって階段もなく、広い斜面それっきりの単純さなのに、子どもが喜々として遊ぶそのカギは、傾斜角度にあるらしい。

むかしは土手や、地はだをみせた急斜面が、あちこちにあった。いまそれに代わるのは、児童遊園地などの滑り台。どこの公園にも〝三種の神器〟の一つとして必ずある（あとはブランコと砂場）。ところがあれは、不特定多数の子どもが対象。どんなチビすけにも安全なように設計されているから、ちょっと大きな子には、まるで食いたりない。

そこで石井さんは、幼稚園の庭のように、ある年齢層だけが使う場所には、その年の子にぐっと〝手ごたえ〟のある角度を計算して、大斜面を作った。「設置後も遊び方を観察し続けていると、ねらいどおり、子どもは挑戦的だった」という。はじめは途中まで登って力つきてしまう子が、ついには上まで到達。帰りはアクロバット的なすべり方を発明していくうちに、こんどは仲間同士でルールを作り、だんだん複雑な遊び方をあみ出していく。「そういう発展性の余地をたくさん残すことが大切だと思うんです」と石井さん。

同記事中の写真には「力つきてはまた登り――子どもを挑戦的にする大斜面」というキャプションがつけられている。この時代でも過去の遊び場が魅力的なものとして想起されているのが興味深いが、ここでいわれているのは、スリルを体感させる遊具の「大斜面」に加えて、遊具のもつ「余白」と「転覆」の可能性だ。

危険性を体感させ、挑戦的にする斜面、遊びを自由に展開させる余白の存在、そして子供の創造力を引き出す転覆性の契機。ここから読み取れるのは、遊具の作り手が、ある程度までしか計算していない、「余白」のある設計である。

半分は意図したような遊び方だろうが、もう半分は、いろいろな滑り方を発明し、次第に複雑な遊び方を生み出していくという点からも明らかなように、遊び方が遊び手に委ねられている。「はねぎ」の「大すべり台」やウォータースライダーはまさにこうした遊びであった。

すべてを計算しつくすのではなく、ある程度、ゆるい設計にしておくことが重要なのだ。これはなにも「はねぎ」のように自ら制作するＤＩＹ遊具や「いろは」のような自然の遊具、あるいはかつてあったスリリングな遊具へのノスタルジックなまなざしではない。

現在の人工的な遊具でも、先ほどの記事のような大斜面を使った滑り台が、たとえば神奈川県川崎市の稲田公園にある【図6-6】。どこからでも登れて滑ることができる挑戦的な遊具で、全身を使っていろいろな滑り方を編み出し、知らない子供とも触れあう機会が多く、多様な遊びが広がってゆく。この遊具も余白があり、危険性を感じ、眩暈体験を引き起こす利他的な遊具といえるだろう。

「いろは」のネット遊具は、自ら飛び跳ねて楽しむ揺れが伝わって、別の人の楽しさを生成する【図6-7】。こうした激しい揺れ体験の伝達もあれば、同じ構造をそなえた別の遊具もある。医師の紅谷《べにや》浩之が監修したドーナツ型のトランポリン遊具「YURAGI」は、医療ケア児たちが遊具の遊びに関われるよう作られたものだ【図6-8】。障害の有無にかかわらず、高低差があることで、高いところでは年長の子供が飛び跳ねることができ、低いところでは医療ケア児や年少の子供が他者の揺れを感じて遊ぶことができる。

自然の遊具であれ人工の遊具であれ、素材を活かしつつ斜面の広さや傾斜、揺れ具合を調節することで、遊具の利他性を高めることは可能なのである。

他にも子供同士に排他的な動きを促すのではなく他人同士を結びつける「媒介性」、計画された通りの動きではなく、意想外に遭遇したり予測不可能な遊びを生み出す「偶然性」、遊び

【図6-6】稲田公園のどこからでも登れる滑り台

【図6-7】「いろは」のネット遊具

【図6-8】ドーナツ型トランポリン「YURAGI」

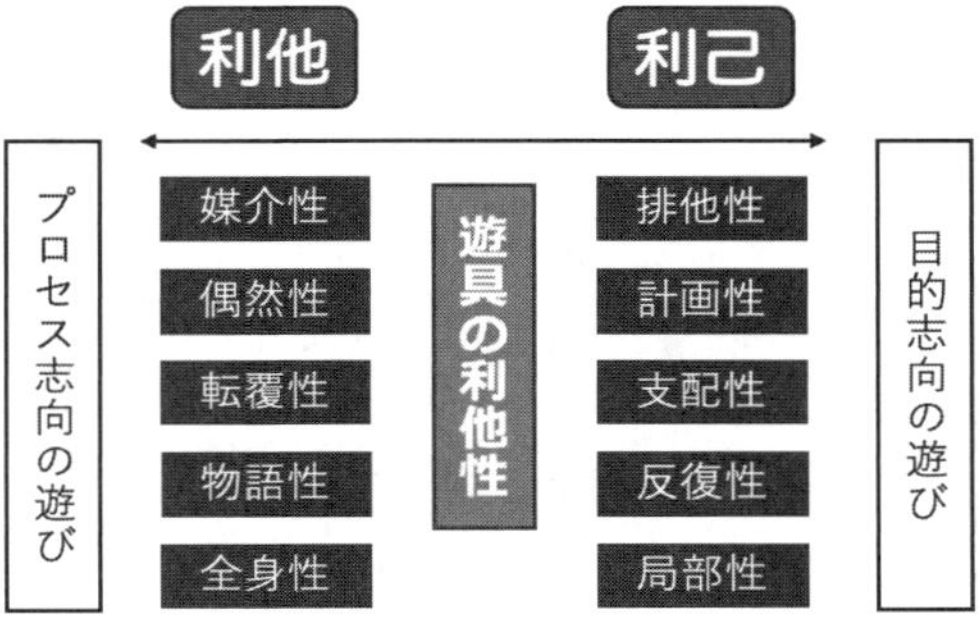

【図6-9】子供たちの利他性を生み出す遊具の条件

を遊具がコントロールするのではなく、作り手の意図に反した遊びの「転覆性」などが利他に通ずる要素としてあげられる。

また、遊びが単調な繰り返しになるのではなく、さまざまなルートや挑戦を可能にさせることによって複数の「物語性」を生み出すことができる点、あるいは手や足の一部だけを使うのではなく、聴覚や視覚、触覚と五感を刺激して全身で思い切り関わっていける「全身性」をそなえた遊具が、子供の潜在能力を引き出す利他的な遊具といえるだろう【図6-9】。

アートのように鑑賞できる遊具や、いろいろな音が鳴る遊具、デコボコしていたり不規則な形をしていたり、さまざまな手触りで触覚を刺激する遊具も遊びを面白くする。子供たちが感覚器をフル活用できる遊具は、子供の遊びを豊かにするに違いない。

遊びにゴールや目的の設定は必要ない。スタートとゴールが明確にあってリニア（線的）に進んでいくものよりも、ノンリニア（非線的）でいくつも遊びの物語が生まれる遊具のほうが子供の創造性を養う。

ここであげた利他的な遊具の性質は、聞き取りや調査で論じてきたように「斜面」「余白」「危険性」といった要素に支えられている。そして重要なのは、利己的に存在する遊具が、遊び手を目的志向にする一方、利他的に存在する遊具は、遊び手をプロセス志向にする点である。「ブランコを20回こぐ」といった遊びの目的化・数値化ではなく、遊びにあるプロセスにいかに呼応できるかが、遊びの利他においてきわめて重要だといえるだろう。

3　利他的な遊び空間

迷宮としての遊び場

イギリスの人類学者であるティム・インゴルドは、現実から乖離した普遍的な知識を入れ込むのではなく、個別具体的な経験の世界で、慎重に世界に耳を傾けることを、「迷路《メイズ》」と「迷宮《ラビリンス》」の喩えで説明している。

「迷路」はゴールへたどり着くという意図があり、なるべく最短ルートで目的地を目指す。ゴールへのルートから外れてしまったり、立ち止まったり、引き返したりすると、「失敗」になってしまう。それに対して「迷宮」は、途中で足を止め、脇道にそれ、道草をしたり寄り道をしたりしながら、周囲に注意を払い、感性を研ぎ澄ませて、驚きや発見のプロセスを楽しむ。

インゴルドがあげる例は、登下校時の子供たちである。通学路を効率よく最短ルートで進むのではなく、道端に咲いた花を眺めたり、虫を追いかけたり、そうこうするうちに別の道を進んでゆく。大人が決めたルートを外れて、子供は脱線し、寄り道をすることを好む。目的地へ突き進むのではなく、絶え間ない周囲の世界への「注意」に満ちている。

山口県の田舎町で生まれ育った私も、小学校へ通学するのに40~50分ほど歩いたが、毎日が冒険だった。とりわけ、帰り道は朝と違って時間制限がなかったから「迷宮」のごとく脱線の連続である。周囲の世界をしっかりと観察し、対話しながら歩む者は、自らも周囲も少しずつ変化させてゆく。

この「迷路」と「迷宮」の比喩は、子供の遊び場にそのままあてはまる。ブランコに入口と出口があって20回こいだら交代するという指示のもとで遊ぶのは、定められたルートを進み、ゴールが明確に存在する「迷路」の遊び場にほかならない。

だが、「いろは」の山登りや沢登りは、ゴールやルートがあらかじめ定められているわけではない。道草したり脇道に入ったり、まさに世界に対する驚きと発見に満ちた「迷宮」、「センス・オブ・ワンダー」の歩みである。

このような森の経験をインゴルドは「風の眼」という別の喩えで論じている。森の全体像を遠景から俯瞰《ふかん》するのではなく、森のなかへ足を踏み入れると、四方を木の幹や枝に取り囲まれていることに気づく。それは単に遠景からクロースアップに切り替える経験を意味するのではなく、「根本的に異なる世界の知覚を経験すること」なのだ。

根や幹や枝がねじれて曲がり、節くれだち、もつれてわかれたりしながら、それぞれの木はつねに雨、風、光、四季の移り変わりと同じように、隣人たちの成長の過程に反応しつつ、みずからの成長の過程をも証言している。森を内側から知覚することは、こうした進行中の生命の絡まりあいに浸されることだ。一本一本の木をひとつの分離した境界をもった個体とみなすのではなく、木の枝にきつく巻きついた、地上では樹冠や林冠として、地下では根茎として広がる繊維状の糸の束として見ることである。いまや森を見ることは、個々の部分をモザイクとしてではなく、糸の線《ライン》の迷宮として見ることを意味するのだ。*6

もはやどこからどこまでが一本の樹木か断定できない。そこには穴を掘って住まう昆虫もいれば、ぶら下がる地衣類も存在する。昆虫が木の一部ならば、そこに巣を作る鳥も、枝や葉をなびかせ、鳴らす風もそうなのではないか、とインゴルドはいう。

森のなかを歩くことは、一歩進むたびに灌木《かんぼく》や群葉のなかで、落ちた小枝や落葉のなかで、土や石の沼地のなかで、みずからの足どりを意識することだ。そこでは成育する草木や、風や雨水の作用によって堆積されたもの、頭上の木から落ちてきたものを踏みつけて歩く。いってみれば、足下の地面は成長や浸食や風化のラインによって編まれた薄い織物である。地面は大地と空を上下に分割するのではなく、何世代にもわたる絶え間ない生命サイクルを通じて、大地と空が混ざりあう地帯なのである。

逆説的なことに、世界がわたしたちの知覚に対して十全に開かれるのは、森の深みにおいてである。*7

子供たちが日常的に過ごす公園や園庭に、あらかじめ意図された目的や計画されたルートから解放されるような「迷宮」としての遊び場を、私たちはもっと増やしていかなければならない。そして世界と人間がお互いに呼応しあって知覚を開いていくような、他なるものに感応できる「森」のような空間を作っていく必要があるだろう。

見守る力を培う

遊びの空間や遊具そのもの以前に、その場を成り立たせている文脈がいかに大事かは「はねぎ」の親の子供に対する距離感の議論で触れた。子供同士が揉めはじめても、じっと大人が見守る環境が、子供自らが話しあい、説得し、あるいは他者に譲るといった民主主義の根幹を形成する力を育てる。

子供の本質は時代を隔てても変わらない。現代の子供でも場所を変えれば思い切り遊びはじめるし、心から楽しんで危険なことにも挑戦する。変わったのは大人の意識と社会の環境のほうである。公園をガチガチのルールで縛りつける大人の論理で子供は遊ばされているのだ。むしろ、思い切り遊ぶ自由を子供たちから取りあげているともいえる。

繰り返し述べてきたように、子供の遊びが危険といつも隣りあわせなのは当然のことで、危ない経験をしたり、ときに怪我をしたりすることの積み重ねで、子供たちは本当の危険を体でわかるようになっていく。どこまで自分がやれるのかを体で理解する。その成長の大事な経験を奪ってしまっているのである。

もちろん、命に関わるような大きなハザードからは守る義務がある。けれども、小さなかすり傷や切り傷は、むしろ繰り返すことで、子供たちが本当に大きな危険を目の前にしたときに、身を守る術を身につけてゆく。特に本書で取りあげたプレーパークと森のようちえんは一貫して「危険性」を大人が事前に子供から遠ざけないことを重要視していた。社会はいま、大人のトラブルを避けるために、あるいは子供たちに不安な思いをさせないように、リスクを未然に防ごうとする。

ここでインゴルドの「知識」と「知恵」の対比を参照するならば、前者は「モノを固定して説明したり、ある程度予測可能にしたりするために、概念や思考のカテゴリーの内部にモノを固定しようとする」が、「知識の要塞に立てこもれば立てこもるほど、周りで何が起きているのかに対して、私たちはますます注意を払わなくなる」。

その一方、後者は「思い切って世界の中に飛び込み、そこで起きていることにさらされる危険を冒すこと」にほかならない。それは「私たちが注意を払ったり、気にかけるために他者を目の前に連れてくること」なのである。

知識は「私たちの心を安定させ、不安を振り払ってくれる」のに対して、知恵は「私たちをぐらつかせ、不安にする」。知識が解を絞り込んでいくその場で、知恵の道は生のプロセスに対して開かれていく。どちらも必要だが、現代は圧倒的に知識に傾いており、これほど知識が溢れているのに、それが知恵に結びつかない時代は歴史になかった。人類学の仕事は「科学によって伝えられる知識に、経験と想像力の溶け合った知恵を調和させること」であり、知識と知恵のバランスを回復することが重要なのである[*8]。

この対比は現代の子供の遊びにもあてはまるだろう。大人の（自らの）心の不安を取り除くために、子供の生のプロセスを奪い去る。危険にさらされることを恐れて、未然にリスクを取り除いてしまう。子供たちは決められた遊びで遊ばされ、揉めはじめれば、そのノイズを大人が綺麗に除去していく。これは遊び場に多種多様な子供たちが一緒に居合わせても、それぞれ孤立している状態とはいえないだろうか。

医師で臨床心理士の田中茂樹は、子供に幸せになってほしいがゆえに親は自分がよいと思う方向に子供を導こうとし、問題点を改善しようと口出しするが、そうしないほうが子供は生き生きと自分の力を発揮して自分で幸せになっていくという。その強さを信じていれば、見守る力が親に育ってゆく。*9

前述の天野秀昭もまた、「善悪」で子供を縛るのではなく、「快不快」で満ちあふれた世界、情動の世界のなかでその人の根っこの部分が伸びていくのを「じっと見守ること」が豊かな社会を築くのだと述べている。*10いま遊び場で必要とされているのは、子供がリスクを目の前にしても大人がじっと待つ力、子供の問題解決力を信じて、ギリギリまで「見守る力」なのである。

遊び空間のエッセンス

子供の創造性を高める遊具に必要な利他的なスペースを、これまでのフィールドワークとインタビューをもとにまとめておきたい。これまでの議論を踏まえると、子供の遊び場に必要な空間は、主に五つに分類できるだろう【図6-10】。

子供は危険でスリルを感じられる遊びを好み、戦慄するような恐怖に挑戦し、乗り越えていくステップがきわめて重要である。「はねぎ」の小さな子供にとって、「大すべり台」の手すりや柵のないてっぺんや、「いろは」の大自然のなかの山登りは、この上ない崇高な体験だった。

改めて述べておくと「美」と対比される「崇高」とは、人間には掌握できない無秩序で危険

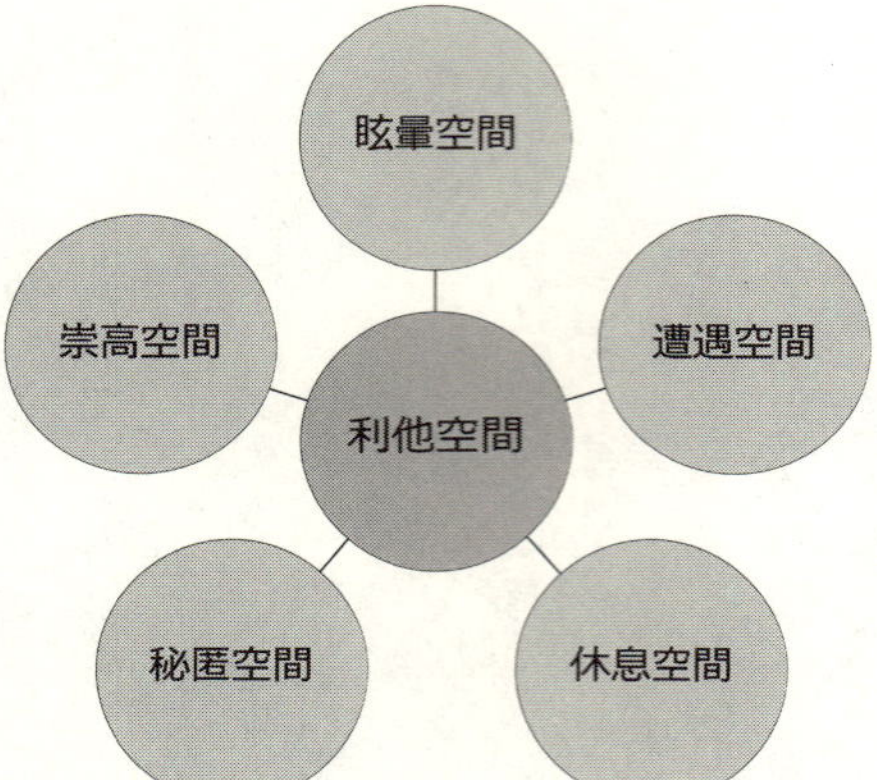

【図6−10】遊び場に必要な五つの空間が揃えば「利他空間」に近づく

を感じさせるものだが、ポイントは自らが安全な場所から体験できる点にある。「安全な危険性」を味わうことができるスペースがあれば、遊びは身体に刻まれ、いっそう深いものとなるだろう。

全身を揺らす眩暈空間も、スリルや達成感を味わう、なくてはならない経験である。けれども、現代の公園は安全性を重視するあまり、子供から眩暈を体感させる遊びを奪っている。

遊具の危険性を除外する時代を経て、複合遊具は見通しのよいものが増えた。これも安全性の確保と無関係ではないが、すべてを見通せる空間ほどつまらないものはない。たとえば、複数のトンネルと幅広い滑り台が合体した、東京都江東区の辰巳《たつみ》の森緑道公園にある大型のタコ遊具は、視界が塞がり、見通しが悪く、いつ誰が現れるかわからない驚きがある。蛇行する動線や、見通しのきかない空間は、思いがけない遭遇を可能にする。現在の遊び場は、予測不能な遭遇は危険視され、事前に危なくないよう引き止めることが少なくない。

崇高な体験や眩暈を引き起こす激しい運動をしたあとに、休息できるスペースも必要である。仙田満はカイヨワの遊びの分類に依拠しながら、イリンクスを楽しむ遊びを「めまい的あそび行動」、競争に駆り立てるアゴン的遊びを「挑戦的あそび行動」、おままごとやお人形さんごっこなどミミクリ的な遊びを「ごっこ的あそび行動」と名づけたが、それに加えて、カイヨワの分類にはない、遊具の観察調査をして発見した「休息的あそび行動」を指摘した。*11 これは私の遊び場のフィールドワークでも頻繁に見られる行動であった。

遊具の遊びには、空間的な視点に加えて、時間的な視点からも分析が必要になる。子供の遊びはつねに遊具に全開で向かっていくわけではない。危険な思いをしたり、身体に過剰な負荷がかかったりした場合は、休息する空間が必要不可欠である。「いろは」で体を整える空間として存在していたブランコは、まさにこの「休息的あそび行動」といえるだろう。この時間にまた別の遊びが生まれることも、あるいは佇んで物思いに耽《ふけ》ることもある。遊びにはこうした緩急、リズムが重要なのだ。

【図6-11】辰巳の森緑道公園にある大型のタコ遊具の内部はさまざまな空間になりうる

大人の視線や他の遊び手からの視線を逃れられる秘匿性の高い空間も重宝されるだろう。秘密基地は子供にとって特別な空間である。広い空間で思いっきり遊ぶのも楽しいが、誰しもコソコソしたいときがあり、こうした空間のヴァリエーションも子供にとっての遊び場を豊かにしてくれる。「さみどり」のケヤキ・ツリーハウスや「はねぎ」の「大すべり台」の内側にあった隠れ家のようなスペースが、こうした秘密の空間である。

先にあげたタコ遊具の内部は、いくつも滞留スペースがあって、休息空間になったり、秘匿空間になったりする【図6-11】。この場所は、複数に道がわかれて駆け回ることもできる一方、大人の視線から逃れて「休息的あそび行動」に耽ることもできる。下部に張り巡らされたトンネルは、周囲から隔絶した閉鎖空間であり、上部の開かれたオープンスペースとほどよいバランスを保っている。このように一つの空間がいくつもの機能をもっていることも、遊びを発展させる大事な空間編成なのである。

いま、社会の遊び場からは、ここであげたような空間が次々と失われている。表面的な快楽で効率よく遊んだ気にさせる遊具ばかりになり、全身の感度を高めて世界や他者を味わう遊びの体験は、今後ますます少なくなっていくだろう。私たちは、子供たちの遊び場に遊びそのものが目的となるような深い遊びを取り戻さなければならない。

次の章では対象を変えて、大学の教室という学びの空間と、映像メディアの普及にともなう娯楽環境の変化について具体的に見たうえで、こうした空間・環境に、いかに利他的な可能性を組み込めるかを考えていきたい。

註

＊1　國分功一郎「クロソウスキーと歓待の原理、再び」、「コメット通信」2021年8月臨時増刊号、6頁。

*2　伊藤亜紗編『「利他」とは何か』集英社新書、2021年、55〜56頁。
*3　青木淳『原っぱと遊園地——建築にとってその場の質とは何か』王国社、2004年、12頁。
*4　ジョージ・リッツァ『マクドナルド化する社会』正岡寛司監訳、早稲田大学出版部、1999年。ローレンス・レッシグ『CODE——インターネットの合法・違法・プライバシー』山形浩生・柏木亮二訳、翔泳社、2001年。
*5　東浩紀「情報自由論——データの権力、暗号の倫理③規律訓練から環境管理へ」、「中央公論」2002年9月号、254〜263頁。
*6　ティム・インゴルド『メイキング——人類学・考古学・芸術・建築』金子遊・水野友美子・小林耕二訳、左右社、2017年、185〜186頁。
*7　同前、187頁。
*8　ティム・インゴルド『人類学とは何か』奥野克巳・宮崎幸子訳、亜紀書房、2020年、14〜15頁。
*9　田中茂樹『去られるためにそこにいる——子育てに悩む親との心理臨床』日本評論社、2020年、5頁。
*10　天野秀昭『よみがえる子どもの輝く笑顔』すばる舎、2011年、147〜149頁。
*11　仙田満『遊環構造デザイン——円い空間が未来をひらく』左右社、2021年、77〜79頁。

第七章　学びと娯楽の環境

1　教室の管理化

半透明の教室

さて、ここからは少し別の空間に焦点をずらして考えてみよう。序章で学びの空間の管理化、娯楽の空間の効率化の問題をあげておいた。これらは遊びの空間と関係ないようでいて、技術による管理や効率化、危険性や予測不可能性を排除する空間になっている点で地続きである、そういう指摘であった。

政治学者の白井聡《さとし》によると、2000年代に新自由主義化の大学への浸透が新段階に入り、「空間の再編」が本格化したという。早稲田大学では地下部室とラウンジのサークル・スペースが廃止され、東京大学では学生自治の駒場寮の学生が強制的に立ち退きを迫られた。

私的空間でも公的空間でもない、「サードプレイス」としてゆるく溜まる空間がなくなり、学生を孤立させ、徹底して管理するようになったのである。白井はこうした曖昧な空間で知性の交流と知的生産が行われていたが、その拠点がなくなり大学が貧しくなったと述べる。[*1]

本書で見てきたように、公園からの危険性の高い遊具と路上生活者の排除が、大学における不透明な空間の管理と、ほぼ同じ時期に進行していたのは偶然ではあるまい。管理できないものを公共空間から締め出す動きが、あらゆる領域でこの時期に進行したのである。

２０１０年代を通じて、大学の学びの空間はメディア技術によってさらに厳密に管理されるようになった。公正であることが重視され、教室は透明化し、コロナ禍に入ると加速度的に強まっていったと実感する。むろん閉鎖的で教員の独裁的管理が横行するのは問題だが、学びの空間が完全に社会に開かれた、透明性の高い場所であるべきだとは必ずしも思わない。

それでは、学びの空間は、いかなる場所であるべきなのか。

端的に大学は「半透明」な空間でなければならないと思う。教室は大学の外の社会と違って、ある程度の間違いが許される中間的な空間であるべきだ。学生は日々、間違え、極端な意見を披露し、議論を通じて学びを深めていくことができる。ところが、ＳＮＳ時代に突入し、話したことがそのまま世界へと公開される可能性が出てきた。自己検閲がすでに２０１０年代に入った頃から次々に生まれはじめた。

さらにＬＭＳなどのテクノロジーが精度を増すにつれ、システムに強固に管理されることになった。コロナ禍に入ってビデオ会議システムで簡単にレコーディングされるようになると

（あるいは一方的に記録される恐れがあると）、発言が絶えず再帰的なプロセスに巻き込まれ、自己検閲は強まり、教員を含め間違いが許されないような雰囲気が漂う。そしてメディアの特性として、沈黙や無駄に耐えられない場所になっていったのである。

ポストコロナ社会に移行し、対面の教室に戻っても、やはり技術に依拠した経験はなかったことにはできない。デジタルでの出欠管理、無駄をなるべく省いた語り、ＬＭＳによる授業の管理を手放すのは難しい。テクノロジーによって、いったん効率を手にすると、それを捨て去るのは簡単ではないからだ。

当然、効率化したほうがよい点はたくさんあった。しかしながら、管理化・効率化で学びのすべてを考えていては、人間は育っていかないだろう。なぜなら、一見無駄だと思うことが教育効果を高めたり、脱線することによって新たな問いの発見につながったり、解けない課題に対峙してもがき苦しんだりする時間が人間を成長させることは、往々にしてあるからだ。

不安・危険・恐怖の排除

２０００年代以降の公園に起こったことと同じことが学びの空間でも起きている。

不安や危険、恐怖の排除である。現在の社会は「悪」を取り除き、「正しさ」を追い求める風潮が強い。もちろん、大学でも「正しさ」については講じられるべきだが、同時になぜ私たちは「悪」に魅了されるのか、なぜグロテスクなものに崇高な美を感じてしまうのかも議論されなければならない。

けれども、戦慄するような恐怖や「悪」の魅力について、大学では語りにくくなっている。授業は、事前に到達目標や学習計画を定めたシラバスにしたがって進めなければならない。現在の大学では学生が何を学び、どんな経験をするか、計画通りで予定調和な授業がいいとされているのだ。予測できるものとしか出会えない空間では、人生を変えてしまうようなものと遭遇する機会は少ない。

授業ではトラウマになる可能性が少しでもあるものは告知し、未然にトラブルを避けるようになった。リスクやトラブルの回避は、公園に起こったことと同じである。ヴァイオレンスやグロテスクな映像、あるいはエロティックなイメージをあつかうときは事前に学生に周知し、不快であれば見なくていいといった配慮をしなければならない。

実際に起こったことを少しだけ紹介しよう。授業でアメリカ同時多発テロ事件をテーマにした短編オムニバス映画『11'09"01/セプテンバー11』（2002年）の一つ、アレハンドロ・ゴンサレス・イニャリトゥの作品を取りあげたとき、人が落下する映像を見せるのは倫理的に問題があるというクレームを受けたことがある。日米映画の映像表現の比較のため、ホラー映画のワンシーンを見せたときもコメントシートに苦情が寄せられた。

既知のものは安心だが、未知なるものは不安で恐ろしい。これは子供の頃、恐ろしいものや危険なものを、大人があらかじめ遠ざけてきたからだろう。だが、現実世界では恐ろしい戦争や凄惨なテロリズム、不条理で残酷な災害が絶えず命を奪っている。若い世代の学生たちは自分の限界を知る貴重な経験を、未然に大人から奪われてきたのである。

学びの場から不安や危険、恐怖といった負の要素で感情を刺激するものが排除されていき、安心でき、刺激の少ない、心地よいものばかりが求められる環境になりつつある。このままでは負の感情を引き起こすものに遭遇したとき、自分の感情ときちんと向きあえなくなる。

そのためにも、成人したあとの学びの場では、危険な遊びで自らの限界を経験的に知るのと同じく、不快なもの、恐ろしいもの、不安にさせるものと少しずつ出会う機会を作ったほうがいいだろう。

無駄を省く

インターネット時代からソーシャルメディア時代になった2010年代に、新自由主義の思想を基盤に、ビジネスに役立つサバイバルツールとしての教養をいかに効率よく取り込むかという「スピード感」「コスパ」が重視されるようになった。[*2]

本来、教養を身につけるには膨大な時間がかかるが、「情報」としての教養を他人よりも早く手にすることが価値をもつ「ファスト教養」の時代には、どれだけ無駄なく簡単に身につけるかが求められる。

こうした時代を生きる者は、無駄を省いてよい結果を得るには何をすべきかという思考からなかなか逃れられない。だから効率よく、負荷なく「わかる」体験を求める。

受け手のレベルに合わせて、難解なことや複雑なことを、わかりやすく簡潔に伝えられる技術が「知的」だと重宝されるようになったのも、ソーシャルメディア時代に突入した２０１０年代的な価値観である。

かつての大学の講義は、博覧強記の教師が受講生を圧倒するような知識を披露したり、学生のレベルをはるかに超えた難解な議論が展開されることも少なくなかった。だが、いまの大学の環境では、こうした授業は、独りよがりで知的でない振る舞いと見なされる傾向にある。

いまは暇を与えず課題やアクティヴ・ラーニングで効率よく知識が身についたような気にさせるほうが優勢である。話法がユーチューバー化する、あるいは予備校化する教員が増え、

「つまらない」と思わせない授業が多くなった。長い目で見た教養ではなく、その場で身についた知識で「わかる」体験を与えるようになったのだ。

だが、大学は本来、「わかる」ことばかりを積み重ねていくだけではなく、「わからなさ」と向きあう場所でもある。いや、大学こそ後者を「知恵」として涵養する場所のはずだった。何かを知る、わかる、というのも大事だが、大学ではむしろ、当然だと思っていたこと、前提である知識を疑うことが何より必要になる。

だから課題を発見し、「問いを立てる」ことの重要性が執拗《しつよう》に叫ばれる。予備校が大学合格を目的としているのに対して、大学はそれ以上に、問題を見つけ、いかに乗り越えるかを考えることに時間をかけるのだ。

しかしながら、実際の授業では、教員がいい淀《よど》み、「わからなさ」を表明し、一緒に考えてほしいと投げかけると、授業評価アンケートで「何が結論かわからない」「きちんと答えを教えてほしい」「わかりやすく解説すべき」と返ってくる。

先に述べたように、東浩紀は人間が介在することのない環境による権力の形式を「環境管理型権力」と呼ぶ。ＬＭＳに加えて授業評価アンケートはこの一例だ。難解なもの、複雑なもの、わからないものをわかちあうことを許さなくする。

メディアやシステムによる「環境」が他者をコントロールすること。第二章で議論した効率化・管理化された公園の例を思い出してみよう。人間がいなくとも、環境が子供の動線や遊び方を管理する公園と、現在の学びの場のありようは根底でつながっているのだ。

2 利他的な学びの空間

ゆるい場

それでは、私たちは学びの場をどのように作り替えていけばよいだろうか。現代の子供たちは、テクノロジーによって日常生活の大部分が管理されている。学校が終わっても習い事や塾で時間は埋めつくされ、GPSつきの携帯で居場所を把握する親も多い。安心・安全のためのテクノロジーが行き渡り、子供は大人の管理（まなざし）から逃れることはほとんどない。かつては大人から切り離された子供だけの「放課後の時間」がたくさんあった。

親の目から解放されて、自分たちだけで過ごす特別な時間だ。もっと管理の行き届かない、放課後のような時空間を社会に作っていく必要がある。家庭でも学校／職場でもない、人びとがゆるく出入りできる雑然とした居場所を、身の回りに増やしていかなければならない。

大学も同じである。個人的な話になるが、大学院の私の研究室では、公式のゼミ以外に教員不在の「サブゼミ」をやるように勧めている。強制ではなく有志だが、公的でも私的でもない中間のコミュニティで研究発表をやったり、読書会をやったりする半公的な活動で、外部の学生も参加しているらしい。学生室にはラウンジ・スペースを作り、好きに集まって雑談できるようにしている。

公式ゼミは発表と議論の時間が厳密に定められているが、サブゼミは真面目に研究の話をするだけでなく、雑談や近況を語りあう「ゆるい場」だ。私も同じように大学院時代に「サブゼミ」を有志でやっていた。経験上、教員に管理され指導されるゼミとは違って、こういうコミュニティは豊かなアイデアが生み出される利他的な居場所だった。研究のアイデアは、こうした場所で深まっていったといっても過言ではない。

そもそも大学における研究という営み自体、実は利他的なもので成り立っている。研究者も学生も、世界中から論文を通じて多くの知識を受け取っている。同時代の人間だけではない。先人たちからの膨大な知を享受し、それを学会発表や論文というかたちで返す。こうした知の交換は、目の前にいる相手をはるかに超えて、予想外の人びとまで届く。

研究とは自ら解き明かしたい問題を探究する行為だが、それが同時に他者の属する学問領域への貢献となる。予想していなかった人びとにまで届き、その人の人生に影響することがある。すなわち、研究活動には「自利利他」の構造が本質的に宿っているのだ。

外部に抜け出す

合格を目的とし、それに向かって最短ルートで突き進む予備校には難しく、大学でこそできることは、他に何があるだろうか。

たとえば、効率や手軽な理解とは無縁の読書である。教科書は別にして、難しい本を読む文献講読の授業では、予備校の講師のように先生がわかりやすく解説することはあまりない。学生主体で担当箇所を読んで発表し、どう理解すればいいのか議論をする。教師は一方的に解説するのではなく、議論が活発になるような調整役に徹する。「引き算」の教育といっていいかもしれない。

私の学生時代の経験でも教員はほとんど解説しなかった。いまとなればその意図がわかる。多様に解釈されうるテクストを教員が一つの解釈で解説してしまうと、それが「正解」の読みになり、テクストに潜在する豊かさが失われてしまう。あれはおそらく、「ファスト教養」的な理解への抵抗だった。

大学生になると本を大量に読むが、よく指摘されているように、ネットで購入すると、アルゴリズムによって自分の嗜好にあったものばかりがオススメされ、自分が見たい情報ばかりにたどり着く。こうしたシステムによる管理の外側に抜け出す契機となるのが図書館や書店だ。大学や地域の図書館は、読者と筆者を媒介するメディウムとして機能する空間であり、読み手が予期しない書き手の本との偶然の出会いを促す。

探している本の横にたまたま置いてあった書物が気になって手を伸ばす。平積みにされていた本が不意に目に入ってページをめくる。返却台に積まれていた本のタイトルに興味が湧く。誰しもこうした経験はあるだろう。

本屋という「迷宮」の空間で寄り道をすること。それは単に知識を増やすことを意味するのではない。若松英輔は、探していないものに出会えるときほど贅沢なことはないという。出会うべくして出会った本が教えてくれるのは「ほんとうに必要なものは、すでに私たちのなかにあって、私たちはそれを見過ごしているだけだ」という現実なのである。*3

偶然出会った書物によって、私自身が無意識のうちに心に宿していたものが照らし出されること。それは、与え手が受け手に直接施すものではなく、時空を超えて書き手と読み手の間に生起する利他的な経験だ。

モノ（物質）としての本の存在も重要である。もちろん電子書籍は便利だし、簡単に内容も検索できるので需要は増え続けていくだろう。しかしながら、意識的にアナログの本も生活に取り込むことを意識するとよいかもしれない。一つの平面的スクリーンで読むのではなく、物理的な本は、散歩するように物質的に先に進んでゆく。書物の地層と構造が空間として感じられ、より記憶に刻まれやすい。

学びの場に必要なのは、管理・効率から脱却した「半透明／半公的」なスペースであり、重視すべきなのは知へのアクセスの環境の組み替えだろう。ランダムネスと偶然性を意識して取り込むことで、未知なる他者や知へと開かれてゆく回路が生まれるのである。

読むことを通じた他者

私たちの生活は、技術の力によってますます「移動性」を失ってしまった。日々、何も考えずに暮らしていると、テクノロジーによる管理や効率化の網の目に、気づかぬうちに搦《から》め捕《と》られてしまう。

仕事も娯楽も、その大部分が自宅にいながらパソコンとインターネットさえあればできるようになった。本のみならず、スーパーマーケットの食材でさえ、ネットですぐに注文できてしまう。便利で楽になったのは間違いない。ただ、それによってなくしたものも大きい。

たとえば、食材を買いにスーパーに行って、売られているトマトやレタスを手に取る。野菜や果物はそれぞれ個性豊かで、形も大きさもかなり違う。それを吟味しながら美味《おい》しそうなものを選んでいると、ふと隣に置いてあったアスパラガスが目に入ってカゴに入れ、晩ご飯のメニューを考える。

そういう空間での人間とモノ（植物や果物）との「対話」がいっさい失われる。これは本書で見てきた遊具と子供の「対話」の有無とも関連するだろう。大人になると、私たちは脱線や寄り道が苦手になってしまう。だが、大人が自然のなかで道草する子供のようになれる場所の一つが、本屋である。

私はかつて学者を目指して大学に進学した。その夢のために学部時代、1日1冊読むと決めて読書をしていた。ブックオフで安く買った本や図書館で上限いっぱいに借りた本を日々消化するように読み続けた。

だが、大学院に入ってそれはあまり意味がないと気づくようになった。なぜなら、筆者が記した言葉それ自体を味わうことよりも、いつの間にか読む量が目標となっていたからだ。1日

1冊読むことが目的化してから、忙しくなると、挙げ句の果てに読みたい本ではなく1日で読める本を選択するようにすらなってしまった。

多読は決して悪いことではない。けれども、読書が量的な数値として認識されてしまうと、「終わり」が目標となり、それを基準に読書を進めてしまう。読書の本質は、読み終わることよりも、対話のプロセスにある。

若松英輔は、読むことにおいて速くできるようになることは、ほとんど意味がないという。むしろ時間をかけて「たしか」にできるようになることだけが大切で、「言葉は、多く読むことよりも、深く感じることの方に圧倒的な意味がある」と述べる。[*4]

途中で立ち止まっても、時間をかけても、繰り返し読んでもいい。大切なのは、量ではなく、言葉を媒介にした対話的コミュニケーションによって「深く」読むことなのだ。単なる「情報」ではなく、このように書物に触れ、味わう行為は、必然的に筆者への感度を高めることになる。それは他者への想像力をもつことにつながるだろう。

その意味で読書は「旅」に似ている。「観光」とも「旅行」とも違う、旅程が明確に決まっていない「旅」。アメリカの歴史家ダニエル・J・ブーアスティンは、現代の旅行者は旅行先のイメージをあらかじめもっており、それを確認するために旅行する「観光客」だと看破した。[*5]

さらにこの20年のインターネットやスマートフォンの普及によって事前にたいていのことは調べられるようになり、無駄な時間、非効率なルート、偶然性は排除されるようになっていった。効率よく多くの観光地を巡る「ファスト旅行」のようなコスパ&タイパ重視の格安ツアーが競いあう。予測できない事態に陥ることも、思いがけず人と交流することも少なくなった。

どこに行くかよりもどう旅するか、早く目的地に行くよりも、いかに旅程を味わうか。このプロセスに偶然性を取り込むならば「旅」はより豊かなものになるだろう。目的地に早くたどり着く「観光客」ではなく、旅の過程を深く経験する「旅人」になること。未知なる世界に触れて、見知らぬ他者と遭遇することで、旅人は他なるものへと開かれてゆくだろう。

3　エンタメの視聴環境

終わりなきタイパ消費

２０１０年代に動画配信サービスが普及して、大量にあるコンテンツを早送りで視聴する人がかなり増えると、タイパを重視する効率主義を問題視する声が大きくなった。２０１０年代末には、ダイジェストで効率よく映画の内容を把握できる「ファスト映画」も流行した。

資本主義を基盤とした消費社会、そして新自由主義化した社会は、私たちを焦らせて消費行動に駆り立てる。作品そのものを味わう以上に、人よりも多くの作品を見終わることが（無意識のうちに）目的化してしまう。だから現代社会に生きる人間は、もはや作品そのものを味わうのが困難になりつつある。

有名なルネ・ジラールの「欲望の三角形」によれば、欲望は具体的な対象に向かうのではなく、他者の欲望の模倣であり、対象から欲望がもたらされるのではなく、他者の欲望を真似するから際限がない。ネオリベラリズムと消費社会においては、こうした欲望のサイクルがいっそう加速する。

フランスの哲学者であるジャン・ボードリヤールは、生存するために必要なものを超えた余剰を享受する「浪費」を肯定し、20世紀以降に現れた新たな「消費」のシステムを真に豊かな社会とはいえないという。[*6] モノが溢れる消費社会では、それを所有することで他者と比較し、差異を意識するようになり、欠乏感と差異化への欲求を生じさせ、消費活動に駆り立てる。観念や記号を対象とする「消費」には終わりがない。

早送りをして人よりも効率よく情報を取り入れたいという欲望のもとに行われる視聴は、作品それ自体を味わいつくす「浪費」的な視聴ではなく、「その作品を見た」と他者にいうため、SNSに投稿するため、あるいは流行に取り残されないようについていくための終わりのない「消費」的な視聴である。

映画やドラマを早送りで観る、音楽の間奏を飛ばしてサビだけ聴く、スポーツをダイジェストだけ観戦する、これらに見出されるのは「ファスト教養」にも通じる、タイパを重視した「消費」の視聴モードだ。

視聴者の望む状況や環境に適応できる「アダプタブル」な視聴をメディア技術は可能にした。他者との比較を回避できない新自由主義の価値観で動く社会において、テクノロジーの力でいったん効率を手にすると、それを手放すのは簡単ではない。

メディア技術は、その利便性によって無駄と思われるものを排除するように唆す。ユーザーの都合に合わせて作品を操作させ、利己的な試聴を助長する。コンテンツは人より早く得るべき「情報」に置き換えられ、「消費」の効率化が目指される。

タイパを重視した視聴行為は、作り手の営みをいっさい無視し、作品をコントロールして自らの欲求に見合うようにモノのかたちを思うがままに改変してしまう。こうした娯楽消費は、他者の創作物を支配する利己的な行為であり、そこに利他的な精神はまったく見られない。

利他的な視聴

動画配信サービスの視聴者には、自らの意のままに操作して、作り手が創り出した表現を味わうことなく、「情報」として他者よりも早く取り込もうとする受け手が多くいる。対して作り手は、語りのテンポをあげ、カット割りを速め、過剰に躍動的な映像で飛ばし見や早送りをさせないようにする。ここには作り手と受け手の「対話」は見出せない。あるのはお互いが他者を支配しようとする利己的な営為であろう。

私の研究室の「映画ゼミ」では、作品をみんなで観て、何が描かれているのか、どういう解釈が可能かをひたすら議論する。受験勉強のように「正解」があるわけではない。作り手の作品を「情報」として消費するのではなく、何度も観直して、いくつもの解釈を重ねる。それは作品を豊かに拡張することであり、作り手の無意識を捉える試みでもある。

2010年代後半のトレンドとなった倍速視聴や早送りだが、90年代のビデオデッキにも早送りしながら音声が聞ける機器はあったし、DVD時代にも倍速視聴の機能は実装されているものが多かった。

ビデオデッキが家庭に普及していた1988年の言説に、テレビアニメをビデオに録画して、わざわざ倍速で観る子供がたくさんいるらしいというものがある。[*7] だが、その頃はさして社会問題化されなかった。室井尚はこの現象に対して当時このように論じていた。

倍速でみることによって情報はその姿を変えることになる。彼らがもとめているのはこの情報の濃密化による変容であって、その通常の意味での味わいとか、ムードなどでもなければ、主体の鏡としての再現＝表象が問題なのでももちろんない。スピードはただ単に効率とか時間の節約にかかわるものではないのだ。そうではなく、この情報の密度の濃密化、その圧縮、その差異化そのものが一種の未知の恍惚《こうこつ》をもたらすのである。それは子供たちを通常の彼らではないものに変え、かれらの身体と世界とを一変させるのだ。[*8]

これはタイパ消費とは根本的に異なる見方である。効率や時短ではなく、テクノロジーによる変容に未知なる恍惚がもたらされること。それが子供たちの身体と世界を一変させるというのである。

タイパ消費は作品を恣意的に変え、自分に最適化させるため、自身が変わることはない。これは作り手に対する利己的な視聴である。それに対して、室井のいうような濃密化による視聴は、作品を別の仕方で味わい直す行為であり、自らも変容することになる。

デジタル技術による管理の外部に立つことを意識的に実践することによって、もっと日常にランダムネスや偶然性を組み込み、想定外の物事に自らが開かれていく回路を見出していくことが、いまどれほど必要とされているかは論を俟《ま》たない。

利他が、それぞれのポテンシャルを引き出しあって変容していくことならば、予測可能なものに効率よくアクセスすることだけを目指さず、複数の別の回路とそれに反応するアンテナを張っておく必要があるだろう。

繰り返しになるが、インターネットやスマートフォンによる情報へのアクセスは、アルゴリズムによって見たい情報ばかりに行き着いてしまう。「フィルターバブル」の効果で、個人の検索／クリック履歴によってユーザーの好む情報が優先的に表示される。それによって利用者の趣味嗜好に合わない情報から隔絶した情報環境に身を置くことになる。

その点から考えると、たとえば、情報にアクセスする際に新聞はとても重要なオールドメディアだ。普段接することのない情報が大量に入ってきて触発されることがあるかもしれない。いつもは考えないことに思考が転じる契機が訪れる。

日常生活では想像することもない他者に出会う。他者の生を考える回路を作り出す。こうしたきっかけはアナログメディアを意識的に取り込むこと、すなわち環境を作り替えることで生じる。これは子供たちが、予測できない遭遇に満ちた自然のなかで遊ぶこととも通ずる。

これまであつかってきた遊び／学びの場と娯楽の環境に共通していえることは、目的化（目標や終わりの設定）と効率化（無駄なく最短ルートでたどり着くこと）、そして技術による管理化（デジタル技術だけを意味するのではなく、広く環境管理する方法）である。

利便性の高いテクノロジーにより人間が介在しなくてよい管理システムの存在。不快な過程や無駄なやり取り、すなわち途中のプロセスを味わうことを拒む傾向の前景化。社会がこうした方向に突き進んでゆけば、私たちはますます他者を想像する力や他者と協働する力を失っていくだろう。

意識を変えるのは難しいが、テクノロジーの配置＝配列を組み替えることはできなくはない。身近にあるモノやスペース、技術や環境をアレンジすることで、日常空間にランダムネスや偶然性を組み込むことが重要なのである。

玩具の娯楽化に抗《あらが》う

遊びを哲学するミゲル・シカールによれば、人間の興味深い能力は、目に入るモノをほとんど何でもおもちゃにしてしまえることだという。期待・意図・推奨された使い方からは思いもよらない別の仕方で、手や身体を使って流用し、本来モノにそなわっているものとは別の機能や意味を探ることができる。

この能力は、「遊び心」の態度にそなわっている「流用的な特性」である。*9 シカールは魅力的なおもちゃとしてレゴをあげ、「完成されていない世界を提示してくれるおもちゃ」だと紹介する。*10 私も幼い頃、レゴでよく遊んだ。新しく買ってもらうたびにブロックが増えていき、建物やロボットを作っては分解し、再び作っては壊して遊んだことを覚えている。何もないところからパーツを組みあわせ、新しい世界を創造することができた。

その頃のレゴは、いまほど種類もなく、デザインもかなりシンプルだった。だが、親になってレゴストアで子供に買うことが増えて衝撃を受けた。主力商品はスター・ウォーズやマーベル、ディズニーなどとタイアップしたキャラクター商品ばかりになり、レゴはかつての遊び方とはかなり異なるものになっていたのだ。

こういったレゴは最終的な完成形が存在し、一度組み立てると壊しにくい。精巧な「プラモデル」のようで、完成させたら次の商品へと購買行動を促す。自由に組みあわせて創造的な遊びをするのではなく、完成図を見せられ、それを模倣するだけで、遊びから自発性や想像力が奪われたように感じられた。

私はここで「プラモデル型のレゴ」を批判したいのではない。レゴが大人もはまるほど魅力的なおもちゃであることに間違いはない。ただ、子供の想像力を培うモノの利他性の側面から見て、そんな感覚を抱いたのだ。こうした反発もあってか、レゴには「クラシック」と呼ばれるシリーズがある。何か明確な完成形があるのではなく、さまざまなパーツが入っていて好きに組みあわせられる昔ながらのレゴだ。

要するにレゴは、かつてないほど二極化している。一方は目標が提示され、プラモデルのごとく説明書を見て人気キャラクターを再現することが目指される。創造／破壊がセットではなく、想像力は収奪され、子供の創造性を画一化するプロダクトとしてのレゴ。他方は明確なゴールがない。「完成」は定まっているわけでなく、「プロセス」そのものが前面に押し出される。創造／破壊が繰り返され、想像力を誘発するモノとしてのレゴ。

それでは、子供の想像力を伸ばすためには、「プラモデル型のレゴ」ではなく、「クラシック」シリーズを与えればよいのだろうか。そう考えるのは早計である。なぜなら、ゼロから組み立てる「クラシック」をよかれと思って買い与えても、見本や説明書なしにどうやって遊べばいいかわからない子供が想像以上に多いからだ（実際、子供に「クラシック」を買っても少し挑戦してまったく遊ばなくなった)。

ゼロから創ることが苦手な子供が想像力を育むために、モノとしてのレゴは、いかに利他的に存在しうるのかということを、二つのシリーズを題材に、子供たちの遊びから考えてみたい。一つは比較的新しいレゴ・クリエイターの「3in1」というシリーズ、もう一つはスーパーマリオとコラボした、2020年に発売された「レゴマリオ」シリーズである。

前者は、購入したセットから三つのモデルが作れる「3in1」というコンセプトで、一見すると高いコスパのお得な商品だが、モノと利他の点で重要なのは、ゼロから創れない子供に、説明書とともに3種類のモデルを提示し、創造性への「橋渡し」をしてくれることだ。

同じパーツからこれだけ違うものが作れるという感動を引き起こし、何度も組み替えて遊ぶ気にさせる。それ以上に重要なことは、組み立てるのと同時に解体することが前提となっている点だ。すなわち、模型のように「完成」するのではなく「崩せる」という感覚も身につくのである。

放っておくと、そのうち三つの「模範解答」を逸脱しはじめる。複数の「3in1」シリーズのレゴ同士が、いつの間にかテーマを超えて融合し、モデルにはなかった新たな物体がいくつも作りあげられていた(「プラモデル型レゴ」ではこんなことは一度も起こらなかった)。こうした段階的なプロセスが与えられれば、子供は「クラシック」と同じようにレゴブロックを使い、想像力を培うこともできるかもしれない。

もう一つの「レゴマリオ」は、コースをどんどん拡張する必要があり、三つ、四つと増やして遊ぶ姿を観察していると、これまでにないレゴ体験を生み出していることに気づくようになった。複数のレゴブロックを組みあわせてオリジナルのコースが作れるというのがコンセプトなのだが、面白いのは自作コースをマリオやルイージを手にもって冒険させられるところだ。

ヴァーチャルなゲームの世界ではなく、リアルな世界にコースを作り、仕掛けや動かし方によってディスプレイの表情や声が変わる。敵を踏みつけたりゴールにたどり着いたりするとコインがゲットできる。マリオとルイージの声や馴染みのあるサウンドが、アクションに応じてフィードバックし、遊び手とモノがインタラクティヴな関係をかたちづくるのである。自分で自由にクリエイトした世界をフィードバックとともに冒険し、触覚・聴覚・視覚を総動員して創造的な楽しさを生み出す点が、身体感覚的な喜びにつながる。

高度に洗練された「プラモデル型レゴ」と違って、この二つのレゴシリーズには共通点がある。まずは既成のイメージの模倣（完成）で終わらずに、構築（創造）／解体（破壊）を繰り返し、プロセスそれ自体が重視される点、それに加えて、モノとしてのレゴの形状が、遊んでいる子供以外に排他的に機能するのではなく、複数の子供たちを媒介して身体的なコミュニケーションを可能にしている点である。

遊びを観察すると「プラモデル型レゴ」とは手の動きやレゴと子供の関係性がまったく違う。プラモデル系の場合は説明書に書かれたパーツを見つけ、模範例にしたがって組み立てる。もう一方のレゴは、次に何を組みあわせようかその都度イメージを描き、それにふさわしい部品を選ぶ。「プラモデル型レゴ」は完成形が決まっているため他の子供が参与しづらい。ひとたび完成すると手を加えられるのも嫌がる傾向にある。

一方、バラバラになった「3in1」や「レゴマリオ」のコースでは（喧嘩することはまったくないとはいわないが）協働して創作する局面が多々見られる。そのようにして自分が想定していなかったパーツが混淆するときこそ、もっとも創造性が生まれる契機があるように思う。

玩具の娯楽化を手放し、消費行動ではない「プレイ」を子供に取り戻さなければならない。排他的に人間（身体）に関わるモノではなく、利他的なコミュニケーションを働きかけるモノとしての玩具——日常の遊びを促すモノのなかにも、私たちは利他の可能性を見出せる。

註

＊1　白井聡「大学における『自治』の危機」、斎藤幸平・松本卓也編『コモンの「自治」論』集英社、2023年、36〜45頁。

＊2　レジー『ファスト教養』集英社新書、2022年。

＊3　若松英輔『本を読めなくなった人のための読書論』亜紀書房、2019年、26〜27頁。

＊4　同前、49頁。

＊5　ダニエル・J・ブーアスティン『幻影《イメジ》の時代』星野郁美・後藤和彦訳、東京創元新社、1964年。

＊6　ジャン・ボードリヤール『消費社会の神話と構造』今村仁司・塚原史訳、紀伊國屋書店、1995年。

＊7　室井尚『メディアの戦争機械——文化のインターフェース』新曜社、1988年、212頁。

＊8　同前。

＊9　ミゲル・シカール『プレイ・マターズ——遊び心の哲学』松永伸司訳、フィルムアート社、2019年、70頁。

＊10　同前、77頁。

終章　利他的な場を創る

伴奏型支援バンド——ラジオ下神白

本書では、利他を意志的に実践する主体ではなく、利他が起こりうる空間や環境に焦点をあて、主に遊び場を中心に観察してきた。最後にこうした環境の設計をし、うまく動かしている利他のオルタナティヴな実践を紹介したい。

第一章で、東日本大震災の復興支援に関する、映画監督の西川美和が直面した利他の困難性について触れた。それは震災後に著名人たちがチャリティライブやイベントを開催する利他的な被災地応援だったはずが、善意を押しつけ、被災者たちを縛り、疲れさせる結果となったというエピソードであった。これとはまったく性質の異なる復興支援がある。

福島県いわき市にある下神白《しもかじろ》団地には、原発事故によって避難した人びとが暮らしている。文化活動家のアサダワタルたちは、住民たちにまちの思い出と馴染み深い曲について話を聴き、ラジオ番組風のCDとして届けるプロジェクトを開始、さらに住民たちの思い出の曲を演奏する「伴奏型支援バンド」を結成し、生演奏で歌声喫茶を開催した。

その記録は映像作家の小森はるかのカメラに収められ、ドキュメンタリー映画『ラジオ下神白―あのとき あのまちの音楽から いまここへ』(2024年)として上映された。

この作品で映し出されているのは、音楽を媒介にした被災者たちの過去の語りや歌声を傾聴し、記憶を受け取り、反応を返してゆくメンバーたちの姿だ。アサダワタルらの聴く行為によって被災者たちの嬉しそうな声が、音楽に触発された身振りとともに引き出されてゆく。

やがてこのプロジェクトは、クリスマス会の歌声喫茶で、思い出の曲を生演奏して住民たちに歌ってもらうというイベントに向かって動き出す。序盤では集会所で『青い山脈』を歌うシーンがあり、カラオケの機械音が高齢の歌い手を置いてけぼりにする姿が捉えられていたが、アサダワタルたち演奏者は、ずれたら即座に歌い手に合わせ、歌い手がもっとも気持ちよいリズムで歌えるよう演奏で支えてゆく。

一方的な贈与ではない。自ら演奏を楽しみながら、歌い手の一番心地いいリズムに寄り添う。そういった場作りをし、共に記憶の音楽を奏で、音を介して一緒に、いる。

「NHKのど自慢」は少し前にバンド演奏からカラオケ音源に変わってしまい、歌と伴奏は、別々にしか存在しなくなったが、かつてのバックミュージシャンのように、「伴奏型支援バンド」は、高齢シンガーの豊かな個性を引き出し、気持ちよく歌いあげる場を作り出す。

歌う被災者の身体から発せられるサインを取りこぼさずに受け取り、他者の個性を活かすリズムを探っていく。カラオケの機械音は、歌い手を支配し、「正しい」音楽を強制する。だが、支援バンドは自身を変化させ、個性的でランダムなリズムを受け止める。話すよりも聴くこと、与えるよりも受け取ることが前景化する。

小森はるかは震災後、すぐにボランティアで支援活動をするためにアーティストで友人の瀬尾夏美と東北に行ったが、彼女の記録映画を観ていくと、援助をしにいったはずの彼女たちが、いろいろな家に招かれ、食べ物をご馳走《ちそう》になったり、手土産にフルーツをもらったり、与える以上にたくさん受け取る姿が映し出されている。どちらが支援されているのか、わからなくなる。与える／受け取るという二項対立が曖昧化し、主客の転倒が起こる。

利他には必ず「他」としての受け手が存在する。だから利他を与え手の意志のもと百発百中で成功させることなどできない。それならば、利他行為を直接的に他者へと差し向けるのではなく、主体／客体、能動／受動が流動化していく、利他を生み出す可能性を高める環境を作ることに傾注する必要があるだろう。

「効果的利他主義」はこうした懐疑が前提としてほとんど共有されていない。利他は与え手が意志的に「起こす」ものではなく、受け手によって偶然「起きる」ものである。その可能性を高める環境は、ある程度意識して作り出せるのではないだろうか。

螺旋《らせん》形コミュニケーション——未来食堂

東京都の神保町にある「未来食堂」は、カウンター12席の小さな定食屋で、メニューは日替わりで1種類だけ、とても変わったシステムによって運営されている。ここには「まかない」「ただめし」「さしいれ」と呼ばれる不思議なシステムがある。

一度来店したことのある人なら誰でも50分間お手伝いをすることができ、「まかない」として一食無料になるチケットがもらえる。この無料券は自分で使ってもいいし、壁に貼っていけば、来店して剝がした人が「ただめし」として一食無料になる。飲み物のもち込みができるが、その代わりに半分の量を店に置いていく「さしいれ」もあり、カウンターに置いてある飲み物は、誰かからの頂き物で自由に飲むことができる。

この仕組みで経営がうまくいっている理由は、店主の著書に詳しく書かれているので、ここでは触れない。*1 ただ、このシステムが利他を考える大きなヒントになると思われるので紹介していきたい。

未来食堂は一食900円の定食屋なので、50分間お手伝いをして一食無料になる「まかない」は平均時給を考えても悪くはない。一般の飲食店でいわれる「原価3割」で考えると、3

00円弱で1時間アルバイトに来てもらえる合理的なシステムだと店主は説明する。

1時間の労働にしては対価が安いと思われるかもしれないが、実際に「まかない」に来る人の8割近くが社会人で職をもっている人だという。飲食店を開きたい人、料理を学びたい人など、食事以外の要素に魅力を感じて働きに来ている人が大半を占めているのだ。

店主の小林せかいは「社会からこぼれ落ちそうになったときの、最後のセーフティネットでありたい」と思い、「救うこと自体をシステム化し運営に組み込めばいい」という気づきを得て「まかない」という仕組みを作った。

「まかない」で50分の仕事の手伝いをした人が「ただめし券」をもらう。先に少し触れたが、そのチケットは自分で使ってもいいし、壁に貼っておいて別の誰かが使ってもいい。1日何枠も働く人は食べきれないので貼っていく。誰かのためにちょっといいことをしたいという人は50分だけ労働して「ただめし」を誰かのために残していくという。「ただめし券」は金銭で買うことができない。すなわち、誰かが自分のためにお金を払ってくれたのではなく、50分の時間を使ってくれたということになる。

この「ただめし」のアイデアの着想は、貧しい家の子供が無料で食事ができる「子ども食堂」だったらしい。ただ、小林は視察に訪れると、世話好きの優しい大人がたくさんいる空間に対して「自分だったらここに来たくない」という強烈な違和感を覚えたという。なぜなら「道徳的に正しすぎて、自分には居心地が悪く感じられた」からである。

施されるべき貧しい子供が選別され、優しく正しい大人に施しを受けるという上下関係が作られる空間が耐えがたかったのかもしれない。一方的な贈与を受けることの心への負担がある。これは子供／大人にかかわらず、大人同士の弱者／強者の関係にもいえることだろう。自らが憐《あわ》れみの対象になることで尊厳が奪われてしまうこともありうる。「効果的利他主義」は、こうした問題をどう乗り越えられるのだろうか。

「さしいれ」に関して、「どこかの誰かに思いを馳《は》せながら頂く飲み物は、きっと特別に感じられるはず」で、その驚きは小さな感動につながっていくというのが店主の考えである。これも「ただめし」と同じく自分が誰から施されたのか知りようがない。

施す側／施される側が直接対面すること、あるいは直接やり取りすることから生じる惨めさや気恥ずかしさは、利他行為が本質的に抱える問題であった。こうした図式を回避する仕組みが未来食堂にはある。彼女はこのように記す。

施す側と施される側が直接対面しないようなあり方。〝いつかの誰か〟に思いを馳せながら券を貼り、〝いつかの誰か〟に感謝しながら券を剝がす。その想像力は、この世界をより豊かに彩ってくれます。[*2]

未来食堂のシステムはリアルタイムに人と人が出会うというよりも、通り過ぎた人に思いを馳せるような「螺旋形コミュニケーション」だと店主はいう。対面ではなく、時空間のずれを導入することでお互いが匿名化される。壁に貼られているチケットは、困っている人でも困っていない人でも使うことができる。券を剝がすところが誰にも見られないよう、脇にそれた壁にメニューと一緒に掲示してあり、フラットに誰でも使えるようになっていて、人選による憐れみや、支援による権力関係を前に出さないシステムになっているのだ。

他にも面白い取り決めがある。日替わりのメニューは店主が決めているのではなく、土曜日に「来週何が食べたいですか?」と来店客に聞いて決めているらしい。そう尋ねられると来週来られないという人もいるが、来店の必要はないと説明する。いま食べているメニューも先週の誰かのリクエストだと説明すると少し嬉しそうな表情を浮かべるのだという。

このように店のメニューに利用者が関わるやり方は、「はねぎ」で遊具制作に遊び手が関わる、プロセスへの参与に似ている。自分が出したアイデアがかたちになって提供されるのは、通常の食堂には見られないシステムである。「まかない」も立ち位置を考えると、食事を提供される側が、提供する側になるという主客の流動化だ。

彼女は著書で、赤の他人の分まで買ってこなくてはならない「さしいれ」を例に、利他的行動を起こしやすくする秘密について記している。それは客以上に店が、損得を考えると賢く見えない「間抜け」な振る舞いをすることだという。実は店側には驚きや面白さを提供できるというメリットや、宣伝してもらえる口コミ効果があるのだが、客が飲み物をもってくると店のお酒が売れず「間抜け」に見える。それが利他的行動を助長しているのである。

駄菓子屋と偶然性——チロル堂

奈良県生駒市にある「まほうのだがしや　チロル堂」は、貧困や孤独などの環境にある子供たちを地域で支える魔法の駄菓子屋である。この店でも面白いシステムを導入している。入口が子供用と大人用にわかれていて、子供は入店時に1回100円のカプセル自販機、いわゆるガチャガチャを回す。出てくるカプセルに入っているのは「チロル札《ふだ》」と呼ばれるチロル堂独自の通貨。運がいいと2倍、3倍になることもある。

この店内通貨を使って駄菓子だけでなく、カレーやポテトフライなどの軽食も食べることができる。実はこのシステムを支えているのは地域の大人たちの存在だ。大人たちがチロル堂を利用すればするほど、子供たちが間接的に支えられるようになっているのである。

大人が注文するカレーや弁当などのメニューには、寄付の金額が含まれていて、お店で食事をすると子供の援助ができる。夜にはカウンターが「チロる酒場」となって、飲食代の一部が寄付されてチロル札になる。大人たちが酒場で飲食を楽しみながら、自然と寄付ができる仕組みになっているのだ。ここでも未来食堂のように直接的ではない支援の方法が採られている。

このようにしてチロル堂では、どんな家庭環境の子供でも食事を楽しめる場所として機能する。ユニークなのは、ガチャガチャという偶然性を組み込むことで、子供の貧困差をよりフラットに近づけ、運によって恩恵が受けられるようになっている点だろう。カイヨワの分類でいえばアレア（運）に属し、パイディア（遊戯）の要素が強い。

厚生労働省の「国民生活基礎調査」によると、2018年には約14％の子供、すなわち、7人に1人が貧困状態にあるとされた。その後、2021年には11・5％となり、少し改善傾向にあるが、依然として低くない数値だ。

こうした状況を受けて、無料や安価で食事を提供する「子ども食堂」が2010年代後半から全国的に広がりを見せてはいる。けれども、チロル堂の企画から運営に携わる共同代表の吉《よし》田田《だだ》タカシはインタビューで、子ども食堂へのリスペクトを前提としつつ、次のような課題をあげた。

子ども食堂の抱える課題のひとつとして挙げられるのは、子どもが情けない想いをしたり、偏見にさらされたりする可能性が高いことだと思っています。子ども食堂という言葉を聞いて、「家計が厳しく、食事に困っている子どもたちが、ご飯を食べさせてもらえるところ」というイメージを持つ方も多いでしょう。そういうイメージは、子ども食堂を訪れた子に対して、「家計の苦しい家の子」という要らぬ偏見がつくことにもつながりかねません。*3

周囲から憐れみの目で見られたり、プライドを傷つけられたりすることが嫌だという子供は当然いるだろう。情けない、惨めだと感じてしまう子供を生み出さない工夫が、子供専用の通貨「チロル札」や、大人の寄付を外側からは見えにくくする「チロ」という言葉である。

吉田田によれば、日本の「寄付する」という言葉には、上から人を助け、施しを与えるようなニュアンスがつきまとうが、一方通行ではない支え合いの形を意識して「寄付」の代わりに

「チロる」というカジュアルな言葉を使った。なるべく上下関係にはならない、押しつけがましくないサポートで、「気付いたら助けになっている」ことが実践されている。

チロル堂の利他的な仕組みとして独創的なのは、恵まれないかわいそうな子供というレッテルから解放し、「運」と自らの力で食べ物を手に入れる子供の環境を作り出していることだろう。そして大人から貧しい子供への直接的な支援が見えないよう間接的な流れにしていることも優れた設計だといえる。

さらに「チロる」という、あえて道徳的ではない用語をチョイスしている点も見逃せない。これは利他行為が陥りやすい他者のコントロールや支援される弱者であるという負い目を回避する工夫だといえるだろう。何よりチロル堂に見出されるのは、ガチャやチロル札、寄付ではなく「チロる」と呼ぶ「遊び心」である。

本章で見てきた三つの例は、それぞれ違った活動だが、環境の作り方にはかなり通底する要素がある。それは与え手と受け手の流動性、施す者にとっての宛先の匿名性、施される者の尊厳を奪わないシステム、制御が行き届かない偶然性などである。

これまで本書が見てきた「さみどり」「はねぎ」「いろは」という利他的な遊び場の空間、そしてここで見てきた支援バンド、食堂、駄菓子屋といった利他的な環境から共通して見出されるのは、次のような点であろう。

利他を生み出す環境を作るには、余白を組み込むことで偶発性を高め、計画・管理を半ば手放した「ゆるい」設計を目指すこと、そして何より「あそび」の要素を忘れないことである。

ここであげた事例は、福島と東京と奈良で実践されている活動であり、決して読者にとって遠い場所の出来事ではない。ここでは触れることのできない数多くの利他の場が、きっとあなたの身近にもある。

それを発見して、他の誰かに伝えれば、利他の場はもっと広がってゆくだろう。少し工夫するだけで、利他の場を作ることもできるかもしれない。

空間の管理化・効率化がいっそう推し進められるなか、子供たちが学び、遊ぶ場を少しでも利他的な居場所に変えること――。そのことを意識すれば、世界的な流れに抗い、社会のなかに利他の回路を組み直すことができる。

註

＊1　小林せかい『ただめしを食べさせる食堂が今日も黒字の理由』太田出版、2016年。以下、本書を参照しながら未来食堂のシステムを紹介する。

＊2　同前、101頁。

＊3　市岡光子「地域と大人と子供を結ぶ〝チロ〟の魔法。軽やかな支え合いを促すチロル堂のコミュニケーション術」『PR GENIC』2023年8月8日。https://pr-genic.com/10505　2024年10月10日閲覧。

あとがき

20代後半だったか、白い眉毛が1本だけ生えてきて、「白眉」という言葉が好きだったし、何となく稀有な感じがしたので抜かずに過ごしていました。すると次第に大事なもののような存在になっていきました。

ところが、ある日、髪を切ったら、美容師の人がスッとその白い眉毛をピンセットで抜いたのです。私は突然のことでとても驚いたことを覚えています。思わず「え……」といったら、「白い毛が生えていたんで」と得意げな表情で返されました。

何もいいませんでしたが、心のなかでは複雑な心境になり、少し不快に思ったのも事実です。そのときの出来事が、なぜだかずっと忘れられなくて、この本を書きながら何度も思い返していました。眉毛を抜くのはサービスに含まれていなかったから、美容師は当然よかれと思ってしたわけです。けれども、その利他的な行為は私にとってまったく嬉しくはなかった。

私が利他の難しさを意識したのは、このときだったのかもしれません。それ以来、他人に対する利他的な行いをするたびに、本当に相手は嬉しいのだろうか、と疑ってしまい、しばしば「嫌だったら遠慮なくいって」などといい添えることも増えました。

こうした経緯もあって、与え手と受け手、すなわち人から人へという「人間モデル」で利他を考えるのではなく、人を媒介するモノや、人の行為の文脈を作るスペース――すなわち、利他の「空間モデル」に意識が向いていったのだと思います。

今回は三つの遊び場のフィールドワークでしたが、これまで調査した全国の公園／遊具の本も、いずれ書きたいと思っています。今後は、さらに海外の公園にも目を向け、世界の国々にフィールドワークに行って、広い視点で遊具や公園について書くことを目指します。

本書の利他と遊びの研究は、東京工業大学に2020年2月に設立された「未来の人類研究センター」でスタートした「利他プロジェクト」に端を発しています。本書が刊行される頃には大学の統合によって東京科学大学に名前が変わっているはずですが、あえて当時のまま記しておきます。

初代のメンバーはセンター長の伊藤亜紗さん、中島岳志さん、磯﨑《いそざき》憲一郎さん、國分功一郎さん、若松英輔さん。私はその翌年、山崎太郎さん、木内《きうち》久美子さんと一緒にメンバーに加わりました。さらにその次の年にヒュー・デフェランティさん、河村彩さん、多久和理実《たくわよしみ》さんが参加しました。

センター長を除くメンバーは、この部局にそれぞれ2年間ほど籍を置き、利他の研究を進めることになっています。私は2021年4月から2023年3月まで所属し、その後、もとの部局に戻りました。立ちあげから事務として支えてくださっている中原由貴《ゆき》さんを含めて、このメンバーと議論した日々をいま、懐かしく思い返しています。

利他プロジェクトのメンバーがいなければ、間違いなく本書は誕生していませんでした。本書の一部は、所属していたときに書いた短いエッセイがもとになっていますし、多くのアイデアが利他研究会の場で生み出されました。心から感謝の気持ちを捧げたいと思います。

まえがきで少し触れましたが、本書はいくつもの偶然が重なって書かれました。その重要なきっかけになった方々にもお礼を申し上げたいと思います。

まず利他研究会で、建築家の塩崎太伸《たいしん》さんの発表を聞き、遊び場と利他を結びつける研究のアイデアが生まれました。丸善雄松堂の福島雅孝さんと林泰斗さんは、福井県の遊具メーカーの株式会社ジャクエツを紹介してくださり、幸運にもモデル園の第二さみどり幼稚園でフィールドワークを実施させていただきました。

ジャクエッツの方々には、何度も福井県の幼稚園や保育園、公園に連れていってもらいました。徳本達郎さん、徳本達之さん、徳本誠さん、白井光洋さん、内藤正浩さん、若宮幹夫さん、赤石洋平さん、そして第二さみどり幼稚園でインタビューに応じてくださった先生方にお礼を申し上げます。

ジャクエツの方に遊具の研究をやっていると伝えると、面白いことをやっているところがあると、大阪府にあるこども園や森のようちえんまで案内してくれました。その利他的な行動のおかげで、「森と畑のようちえん　いろは」の活動に連日参加させてもらい、代表の福井希帆さんには資料の提供から聞き取り調査にいたるまで大変お世話になりました。一緒に遊んで過ごしてくれた、「いろは」の子供たちにも感謝を捧げたいと思います。

未来の人類研究センターでは毎年、利他学会議を開催していますが、ちょうどジャクエツのトランポリン遊具「YURAGI」を会場にお借りしてイベントをやったことがきっかけとなり、花田朋美さんから羽根木プレーパークにお誘いいただきました。世話人代表の荒木直子さんにもプレーパークの歴史や活動について詳しく教えていただき、感謝の念に堪えません。

本当に何から何まで偶然の重なりでフィールドワークに訪れ、遊び場の研究を進めてきたというのが正直なところで、面白そうだから巻き込まれにいった結果、この本が生まれました。

本書が利他や遊具、子供の遊びを考えるヒントになれば、心から嬉しく思います。

最後に集英社の編集者の吉田隆之介さん。最初に連絡をいただいたときは「美空ひばりからAdoまで」というキャッチコピーの「歌姫」の企画で、これも面白そうでいつか実現させたいですが、研究室で雑談を重ねてたどり着いたのが「遊びと利他」でした。

私は本の企画に向けて編集者とアイデアを出しあう、雑談混じりの打ち合わせがとても幸福で、今回も深く味わいました。吉田さんが遊具と利他を結びつけるアイデアを面白がってくれなかったら本書は決して誕生していません。真摯に相談に乗って伴走してくださり、ありがとうございました。

なお、本研究の調査は、「東工大の星」特別賞【STAR】の支援を受けて実施されました。この場をお借りし、東工大基金の寄付者の皆様に心からお礼を申し上げます。


この本をいろいろな公園に付きあってくれた三人の子供たちへ捧げます。

２０２４年９月

北村匡平

北村匡平（きたむら　きょうへい）

映画研究者／批評家。東京科学大学リベラルアーツ研究教育院准教授。一九八二年山口県生まれ。東京大学大学院学際情報学府修士課程修了、同大学博士課程単位取得満期退学。日本学術振興会特別研究員（DC1）を経て、現職。専門は映像文化論、メディア論、表象文化論、社会学。単著に『椎名林檎論――乱調の音楽』（文藝春秋）、『24フレームの映画学――映像表現を解体する』（晃洋書房）、『美と破壊の女優 京マチ子』（筑摩選書）など多数。

遊《あそ》びと利他《りた》

集英社新書一二三九B

二〇二四年一一月二〇日 第一刷発行
二〇二五年 六 月 七 日 第二刷発行

著者……北村匡平《きたむらきょうへい》
発行者……樋口尚也
発行所……株式会社集英社
東京都千代田区一ッ橋二-五-一〇　郵便番号一〇一-八〇五〇
電話　〇三-三二三〇-六三九一(編集部)
〇三-三二三〇-六〇八〇(読者係)
〇三-三二三〇-六三九三(販売部)書店専用

装幀……原　研哉
印刷所……TOPPANクロレ株式会社
製本所……加藤製本株式会社

定価はカバーに表示してあります。

ISBN 978-4-08-721339-3 C0236

Printed in Japan